最新版

ダナン＆ホイアンへ
癒しのビーチと古都散歩

寺内真実

Photo: Sanga Park/Dreamstime.com

はじめに

　日本から5〜6時間でアクセスできる、ベトナム中部のリゾートシティ、ダナンと、どこか懐かしい雰囲気のある世界遺産の街ホイアン。日本からの旅行者も増加していますが、まだまだ紹介されていないスポットもたくさんあります。

　私はダナンに住んで10年ほどになりますが、友人や一緒に働いているスタッフに限らず、あたたかい人が多い街だと感じています。地元のお店などでは英語が伝わらないこともありますが、一生懸命理解し、何かしてあげようという姿勢の人が多かったり、市場やスーパーでは顔見知りの店員が「明日から安くなるからこれは明日買いなよ」「今日はこれが入ったばかりだよ」などと教えてくれることも。今では第2の故郷のような気持ちがあり、日本に一時帰国した際はベトナム語を聞いたり、ベトナムの人が働いていたりするとうれしくなる自分がいます。

　ダナンの街はすぐ行けるところにビーチや山があり、中心を流れるハン川を境に市街地につながっています。ここでは南国のゆったりした雰囲気と、活気のある東南アジアの雰囲気両方を感じることができます。

　本書では、私が実際に日本から来た友人を案内する定番スポットから、秘密にしておきたい穴場までご紹介しています。料金もお手頃なものからプチ贅沢プランまであるので、ぜひ自分だけの旅をつくってみてください。

　これからダナン＆ホイアンにいらっしゃる方がより一層楽しめ、「またここに戻ってきたい！」と思える体験のお役に立てれば幸いです！

Contents

- 2 はじめに
- 5 ベトナムMAPと基本情報
- 6 ダナン&ホイアン旅 モデルプラン
- 8 エリアMAP
- 14 ダナン&ホイアンの歴史

15 癒しのビーチリゾート
Đà Nẵng
ダナン

- 16 自然あふれる海辺の進化シティ
- 18 名所&パワースポット
- 26 ダナンのビーチ紹介
- 28 ビーチでアクティビティ
- 32 ショッピング
- 52 ローカル食堂&レストラン&バー
- 72 ローカルスイーツ店&カフェ
- 81 ダナンで優雅なアフタヌーンティー
- 86 ダナンの選りすぐりスパ7選
- 94 ダナンのホテル選び&厳選ホテル

101 ノスタルジックな古都散歩
Hội An
ホイアン

- 102 懐かしさと色彩豊かな街
- 104 ホイアン旧市街おすすめスポット
- 108 ショッピング
- 118 ローカル食堂&レストラン&バー
- 125 カフェ
- 134 スパ
- 136 厳選ホテル

column

- 38 ダナン&ホイアンで買えるおみやげ図鑑
- 40 市場&スーパーでお買いもの!
- 42 スーパーで買えるおみやげ図鑑
- 46 ソンチャー・ナイトマーケットに行ってみよう!
- 47 アオザイで街歩きしてみよう
- 48 ローカル料理図鑑
- 50 よく出てくる香草の種類と効能
- 59 大事な食文化のひとつ ベトナム朝ごはん
- 60 ダナンで食べられるフエ料理
- 66 ベトナムのアルコール事情
- 70 おやつに食べるローカルスイーツ
- 84 雨季・乾季別ベトナムのフルーツ
- 92 ベトナムらしさ◎ "バッチャンネイル"
- 106 幻想的なホイアンの夜
- 114 オーダーメイドで服やサンダルをつくろう!
- 116 必食! ホイアンの4大名物料理
- 130 バインミーってどんな食べもの?
- 139 ベトナムの結婚式
- 140 ベトナムの猫&犬事情

- 142 ダナン&ホイアン旅のヒント
- 148 Index
- 150 おわりに

※本書掲載データは2024年8月現在のものです。店舗の移転・閉店、価格改定などにより、実際と異なる場合があります
※本書掲載の電話番号は市外局番を含む番号です。なお、ベトナムの国番号は「84」です

◎ベトナム基本情報

正式国名	ベトナム社会主義共和国 [Socialist Republic of Viet Nam]
面積	331,212km²（日本の0.88倍） ダナン：1,283km²、ホイアン：60km²
人口	約1億30万人（2023年 越統計局） ダナン：約122万人、ホイアン：約12万人
民族	キン族［越人］約86%、他53の少数民族の多民族国家
政治体制	一党独裁制
首都	ハノイ [Hà Nội]
宗教	仏教、カトリック、プロテスタント、イスラム教、カオダイ教、ホアハオ教など
公用語	ベトナム語　＊北部、中部、南部で発音に違いあり
通貨	ベトナムドン [VND]　1VND≒0.0058円（10,000VND≒58円）※2024年9月現在
時差	2時間［日本が正午のとき、ベトナムは午前10時］

ダナン＆ホイアン旅 モデルプラン

白い砂浜が美しい、ダナンのミーケ・ビーチ。

　日本から約5〜6時間でアクセスできるダナンと、そこから車で約30分のホイアン。南北に細長いベトナムのちょうど真ん中にあるこのふたつの街は熱帯モンスーン気候のため、乾季と雨季があります。観光シーズンとされている乾季（3〜8月）はビーチリゾート感を楽しめますが、お手頃価格で異国情緒を楽しむのであれば雨季（9〜2月）でも◎。ベトナム航空の成田発直行便を利用した3泊4日2プラン＋1泊のプランをご提案します！

✈往路は成田9:00発VN319便、復路はダナン0:05発VN318便を想定
（2024年8月現在）

上・毎晩開催されている、ソンチャー・ナイトマーケット。／下・ローカルフードをお腹いっぱい食べよう！

PLAN 1　ローカル満喫コース

1日目
- **12:40**　ダナン国際空港到着。タクシーまたはグラブ（P.142参照）で**ダナン市内**へ。
- **14:30頃**　ホテルチェックイン。
- **夕方〜**　**ローカルスパ**（➡P.86〜）で飛行機の疲れを解消したら、**ローカル海鮮レストラン**（➡P.56）にチャレンジ！ その後、**ソンチャー・ナイトマーケット**（➡P.46）へ。

2日目
- **午前**　市場や教会など**ダナン市内を観光**し、ランチはダナン名物の**ローカルレストラン**（ブン・チャー・カー・バー・ヒエンやコム・ガー・アー・ハイなど➡P.52〜）へ。
- **午後**　**ホイアン旧市街散策＆バインミー**食べくらべ（➡P.130）、ランタンが灯る**ナイトマーケット**を散策し、夕食はアン・バン・ビーチのバーでリラックス。

ホイアンのランタンは18時頃から灯る。

3日目
- **午前**　**ミーケ・ビーチ**でアクティビティ（➡P.28〜）を楽しんだら、海沿いの人気エリア、**アン・トゥン**を散策。
- **午後**　**リンウン寺**（➡P.23）へお参り後、チェーなど**ローカルスイーツ**（➡P.70〜）を堪能し、ダナン人気ローカル店で香草がっつりディナー（バインセオやバン・チャン・クオン・ティット・ヘオなど）。

4日目
- **午前**　ミーケ・ビーチで日の出を鑑賞後、ローカル朝ごはんへ。その後、**五行山**（➡P.22）登山でパワースポットを拝み、ランチにはバインミーを。
- **午後**　カフェめぐりやスーパーで買い物を楽しみ、ベトナム全土のクラフトビールを味わいながら早めのディナー。21時半頃ダナン国際空港へ。

国内外のクラフトビールを飲みくらべて。

ダナンの人の朝は早く、ビーチには地元の人が多い。

「神の手」ことゴールデン・ブリッジはインスタ映えポイント。

Plan 2　リゾートで自分にご褒美コース

1日目

12:40　ダナン国際空港到着、タクシーまたはグラブでダナン市内へ。14:30頃ホテルチェックイン、ホテルのインフィニティプールを楽しみながらまったり。

夕方〜　ホイアン旧市街を観光がてらオーダーメイドの服やサンダルを注文（➡P.114〜）、ホイアン料理を楽しむ。

インフィニティプールでリゾートを満喫。

2日目

午前　バー・ナー・ヒルズ（➡P.20）観光。

午後　アフタヌーンティー（➡P.81〜）、バッチャンネイル体験（➡P.92）、おみやげ屋さんや市場めぐりを楽しんだら、ローカル海鮮で海の幸を堪能。その後、ダナンの人気バーへ（途中オーダーメイドの仕上がり確認＆お直し依頼）。

上・黄色い外壁の街並みがかわいらしいホイアン旧市街。／右・アオザイで街を歩けば気分も盛り上がること間違いなし！

3日目

午前　アオザイをレンタル（➡P.47）してホイアンへ。ランチはチャー・クエ村のレストラン（➡P.120）でのんびりと。

午後　ホイアン旧市街にてカフェ＆オーダーメイドの服などを受け取り、夕方アオザイを返却、ダナンの人気レストランで夕食。

ダナン、ホイアンから約1時間半のミーソン遺跡。

4日目

午前　ミーケ・ビーチでアクティビティを楽しんだら、ランチは人気ローカルフードで。

午後　五行山登山の後、ホテルスパでリラックス。ソンチャー・ナイトマーケットを散策した後、21時半頃ダナン国際空港へ。

4泊6日の場合

5日目

午前　ホイアン郊外でバスケット・ボート・ツアー※に参加、その後チャー・クエ村のクッキングクラス＆ランチ、またはミーソン遺跡観光＆ランチ

午後　ミーケ・ビーチでのんびりしたら、バインミーで軽めの夕食。その後ローカルスパで疲れを癒し、ダナン国際空港へ。

※竹製のお椀の形をしたバスケット・ボート（Thung Chai）で、川下りしながらジャングル・クルーズが楽しめるツアー（ココナッツ・ボート・ツアーとも言う）。伝統的な投網の漁も見学できる。乗り場はホイアン旧市街から車で約20分のルン・ドゥア・バイ・マウ（MAP 📍P.11 C-2）

ダナン&ホイアン広域MAP

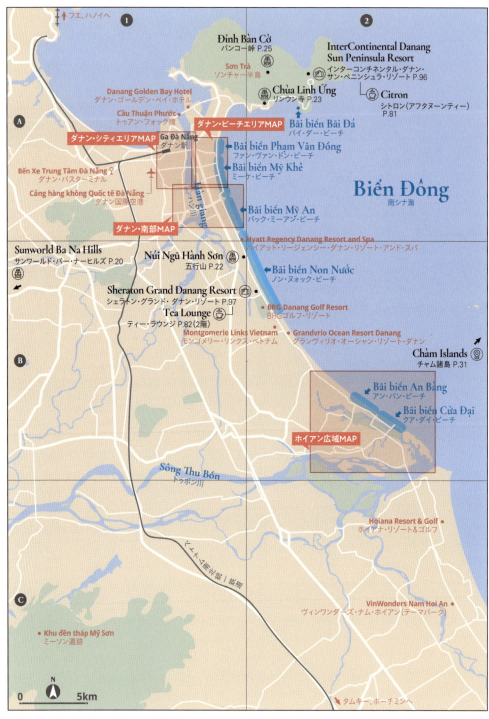

ダナン・シティエリアMAP

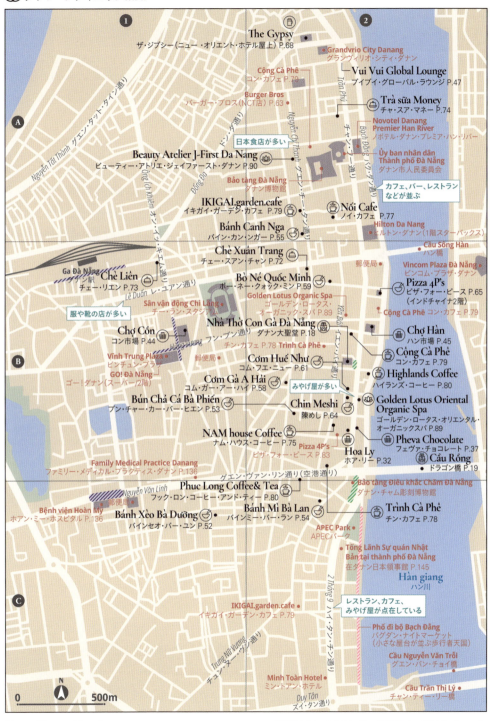

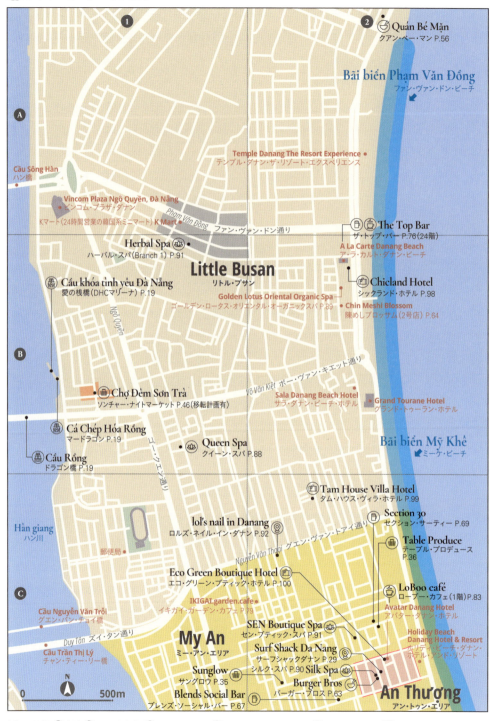

ダナン・南部MAP

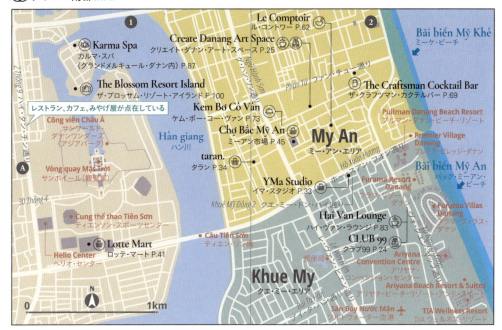

ホイアン広域MAP

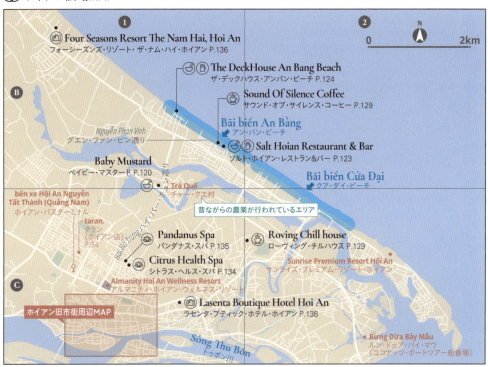

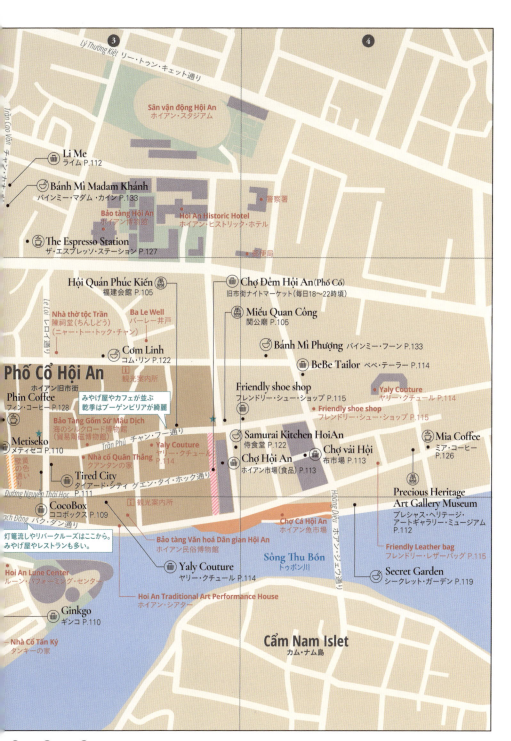

ダナン＆ホイアンの歴史

チャンパ王国の港として繁栄したホイアン

中国の後漢時代の後、インドネシアから北上してきたチャム族（マレー・ポリネシア語系諸族）が192年にベトナム中部にチャンパ王国※を建国します。海のシルクロード上に位置していたホイアンは王国の港町として繁栄、16世紀中頃にはベトナム南部地方の貿易の中心となりました。16世紀以降はポルトガル、オランダ、中国や日本をはじめ多くの商人が来航。1601年に江戸幕府との取引がはじまると、ホイアンには日本人街が形成され1,000人以上の日本人が住んでいたと言われています。日本の鎖国後は中国人街が栄えますが、1771年にタイソンの乱により街は全焼（現在残る街並みは18世紀以降に建てられたもの）。また、トゥ・ボン川の河口に砂が蓄積し、港が使用できなくなったことがきっかけで、ハン川の河口にある小さな漁村だったダナンが港湾都市として開発され、国際港として発展、その後ベトナム中部最大の漁港・商業港となりました。

国際貿易港、米軍の上陸拠点となったダナン

1802年以降フエを中心とした阮（グエン）朝下にあったダナンは、1858年ナポレオン3世のフランス帝政に併合され、1889年に広南（クアンナム）省から分離しトゥーラン市へ改名、ハイフォンとサイゴン（現ホーチミン市）と共にフランス領インドシナ総督の支配下に置かれました。1954年にフランス軍が東南アジア全土から撤退（ジュネーブ協定）後、ベトナムの南北分裂により南ベトナム共和国領となり、1965年には東南アジア初のアメリカ軍（以下、米軍）の上陸拠点となりました。

米軍はダナンに飛行場、港、銀行、情報・通信システムなど、軍用基地としてのインフラを整備。ダナンはそれまでの手工業に代わって機械工業が発展しました。しかしベトナム戦争、とくに1968年のテト攻勢では激戦地となり、その名残が今も残っています。米軍撤退後は、1973年に北ベトナム軍に占領されるまで、南ベトナム軍がこの都市を管轄していました。1975年の全国解放統一後、ダナンはクアンナム–ダナン省になり、1986年よりはじまったドイモイ政策で経済が発展。1996年11月の国会でクアンナム–ダナン省から分離したダナン市を中央政府直轄市する決議案が可決。これにより従来のダナン、ホアヴァン地方区、ホアンサ島区が加えられ、現在のダナン市が誕生しました。

世界遺産となった古都ホイアンと飛躍するダナン

19世紀末、ホイアンは港の機能が失われ街も衰退しましたが、ベトナム戦争時は戦火を逃れ、18世紀に建てられた古い街並みはほぼ損傷なく残りました。1983年頃から再度世界から注目されはじめたことでベトナム政府も街の保存に乗り出し、1999年12月にはユネスコの世界文化遺産に登録されました。

現在、開発の進むダナンは、ホイアンまで約30kmにもわたって続くビーチ沿いに高級ホテルが建ち並び、ビーチリゾートとしても発展中。フエ（世界遺産の建築物群あり）へのアクセスも良好で、注目の旅行先となっています。

※チャンパ王国の聖地が世界遺産「ミーソン聖域」。チャンパ王国は未だ解明されていない謎が多く、ミーソン聖域では現在も発掘作業・研究が続けられている

自然あふれる
海辺の進化シティ

Đà Nẵng
ダナン

自然あふれる海辺の進化シティ

Đà Nẵng
ダナン

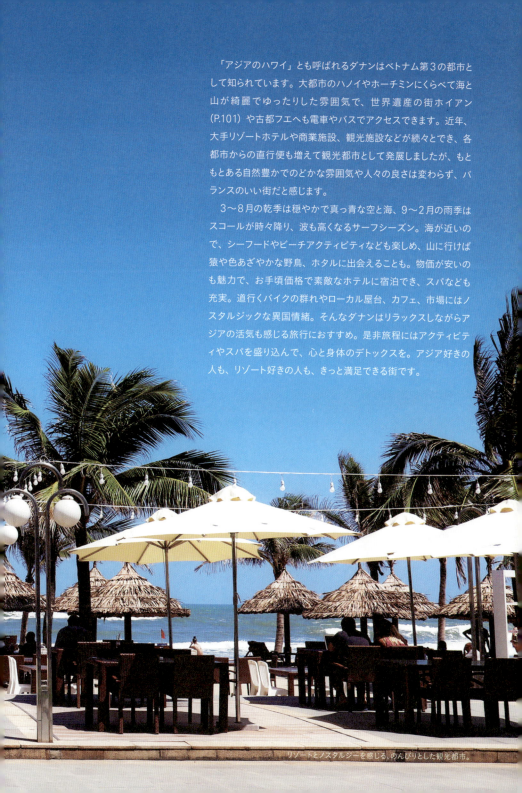

「アジアのハワイ」とも呼ばれるダナンはベトナム第3の都市として知られています。大都市のハノイやホーチミンにくらべて海と山が綺麗でゆったりした雰囲気で、世界遺産の街ホイアン(P.101)や古都フエへも電車やバスでアクセスできます。近年、大手リゾートホテルや商業施設、観光施設などが続々とでき、各都市からの直行便も増えて観光都市として発展しましたが、もともとある自然豊かでのどかな雰囲気や人々の良さは変わらず、バランスのいい街だと感じます。

3〜8月の乾季は穏やかで真っ青な空と海、9〜2月の雨季はスコールが時々降り、波も高くなるサーフシーズン。海が近いので、シーフードやビーチアクティビティなども楽しめ、山に行けば猿や色あざやかな野鳥、ホタルに出会えることも。物価が安いのも魅力で、お手頃価格で素敵なホテルに宿泊でき、スパなども充実。道行くバイクの群れやローカル屋台、カフェ、市場にはノスタルジックな異国情緒。そんなダナンはリラックスしながらアジアの活気も感じる旅行におすすめ。是非旅程にはアクティビティやスパを盛り込んで、心と身体のデトックスを。アジア好きの人も、リゾート好きの人も、きっと満足できる街です。

リゾートとノスタルジーを感じる、のんびりとした観光都市。

Đà Nẵng 見どころ

パステルピンクの教会はフォトスポットとしても人気。わずか8か月で建築されたそう。

淡いピンクが特徴のダナンの象徴
Nhà Thờ Con Gà Đà Nẵng
ダナン大聖堂

淡いピンク色がかわいらしいダナン大聖堂はフランス統治時代の1923年に建てられた、ネオ・ゴシック建築のカトリック教会。塔の十字架に鶏の像があり、直訳は「鶏教会」。敷地はそれほど広くありませんが、教会を見守るようにマリア様やイエス様の石像やカトリックに関連の石板が配置され、裏門の入り口にある物販コーナーではフランスの教会のようにメダイユ（マリア様が掘られたメダル）などの販売もあります。

黄色い壁に囲まれた美しい内部はミサの時間のみ見学可能。それ以外の時間は基本的にチャン・フー通りの正面の門は閉まっています。その場合はイェン・バイ通りに面した裏門へ。正門と教会の建物の扉が開く時間は、多くのカトリック信者で混み合うので避けましょう。

聖堂内は神秘的で荘厳な雰囲気。

ミサの時間だけ見れられる、色あざやかなステンドグラス。

左・教会裏にはフランスの巡礼地「ルルドの洞窟」を模した洞窟も。／右・洞窟前に佇む聖母マリア像。

📍 156 Đường Trần Phú, Hải Châu 1, Hải Châu, Đà Nẵng
🕐 8:00〜11:30、13:30〜16:30、無休
◉ ミサの開始時間＝5:00、17:00
（日曜5:15、8:00、10:00、17:00、18:30）
※日曜10:00以降のミサは英語
🎫 無料　MAP 📍 P.9 B-2

ハン川に架かる龍の橋
Cầu Rồng
ドラゴン橋

　黄色いボディにハートの目をしたドラゴン橋（ロン橋）は2013年3月29日のダナン解放38周年に開通しました。橋の裏には頭が龍で身体が鯉の「マードラゴン」（立身出世の鯉の滝登りを表す）とハート型のランタンで囲まれた「愛の桟橋」も2015年に完成。

　毎週金土日曜とベトナムの祝日の21時から約10分行われる、ドラゴン橋の火と水のパフォーマンスは、観光客から地元の人まで人気。20時半頃から混み出すので、近くで見たい方は早めに行きましょう（開始5分前に橋は完全通行止めに）。また、龍の顔側は水のパフォーマンスでかなり濡れてしまうので要注意。帰りはバイクや車でごった返すので、少し離れたところで車を拾うか、カフェやナイトマーケットで少し時間をつぶしてから帰るのがおすすめです。

📍 An Hải, Hải Châu District, Đà Nẵng
MAP 📍 P.9 B-2

「永遠の愛の誓い」として南京錠を付けられる愛の桟橋（約50m）とマードラゴン。

約1万5000個のLED電球を使用しており、夜はカラフルにライトアップされる。

全長666mの橋は遠くからでも目立つ。ドラゴンは近くで見ると迫力満点！

Đà Nẵng 見どころ

植民地時代、駐在していたフランス人にとっての保養地がテーマ。

中世フランスの街へタイムスリップ
Sunworld Ba Na Hills
サンワールド・バー・ナー・ヒルズ

　2013年に完成した、中世フランスの街並みを再現したテーマパークです。ダナンの約25km南西にあり、市内からは車で約40分。入り口のある山頂へは直通のロープウェイで約20分（高度差1,368m）。ロープウェイからはダナン市内や南シナ海を望めます。3ルートあるうちのホイアン駅を出発するロープウェイの乗り換え地点（ボルドー駅）が「神の手」として知られるゴールデン・ブリッジ。天気の良い日は景色に圧倒されますが、霧が多い日はちょっとホラー。橋の出口には巨大な足や頭部のオブジェもあります。

　山頂には中世ヨーロッパのような建物が並び、山頂にはホテル、教会や室内ゲームセンター（基本的に無料）もあります。また、30以上の飲食店があり、お酒も楽しめます。人気スポットなので、日中は人が多いですが、ゆっくりまわりたい人はホテル・ステイがおすすめ。山の上なので雨季でなくとも天気は変わりやすく、肌寒いと感じることもあるので、ダナン市内が暑い時でも羽織れるものをお忘れなく！また、湿気が多く道がすべりやすいので、サンダルなどではなく歩きやすい靴で行きましょう。

📍 Thôn An Sơn, xã Hòa Ninh, huyện Hòa Vang, TP Đà Nẵng
📞 0236 3749 888　🌐 banahills.sunworld.vn
🕐 7:00〜22:00、無休
💰 大人900,000VND、
　　子ども（身長1〜1.4m）750,000VND、身長1m以下の子ども無料
MAP 📍 P.8 B-1

巨大な神の手が支えるゴールデン・ブリッジ。

室内ゲームセンターにはフリーフォールやお化け屋敷などのアトラクションも。

お得なホテル・ステイ

敷地内のフレンチ・ヴィレッジエリアにあるメルキュール・ダナン・フレンチ・ヴィレッジ・バー・ナー・ヒルズを予約すると入場チケットも割引に。ロープウェイも別ルートなので、貸し切り状態で山頂まで向かえます。敷地内には12のレストランやバー、スパ、屋内温水プール、フィットネスセンター、ショッピングゾーンがあり、7つある宿泊棟にはフランスの地名がついています。

中世フランスの街に迷い込んだ気分になる、石造りの街並み。／敷地内はまるでフランス。

ホテルの室内はヨーロッパのミニホテルのような雰囲気。

Đà Nẵng　見どころ

階段は段差が急なところも多い。

陰陽五行説に基づいた
パワースポット
Núi Ngũ Hành Sơn
五行山

　宇宙を構成すると言われる金、木、水、火、土の5つの要素が名付けられ、山全体が大理石（マーブル）と石灰岩でできている、ダナンのパワースポット。「西遊記」で孫悟空が封印されていた山としても有名です。観光のメインは水山（Thuỷ sơn＝トゥイソン）で、有料のエレベーターを使うと、徒歩約10分を2分に短縮可能。そこからでも頂上やメインの洞窟までは結構あるので歩きやすい靴とタオルは必須。飲み物は途中でも購入できます。山の頂上から見る南シナ海は絶景で、いちばん大きなフィエン・コン洞窟ではベトナム戦争時に空爆で空いたという穴から神秘的に射しこむ光の柱を見ることができます。雨の場合は足元がすべりやすいので注意してください。ダナン中心部から入り口まではタクシーで約20分です。

📍 52 Huyền Trân Công Chúa, Hoà Hải, Ngũ Hành Sơn, Đà Nẵng
🕐 7:00～17:30、無休
🎫 入山料40,000VND、
　　エレベーター使用料 片道15,000VND
MAP 📍 P.8 B-1

上・フィエン・コン洞窟の穴から光が射し込む神秘的な雰囲気。／下・頂上からは火、木、金、土（ホアソン、モックソン、キムソン、トーソン）の山も見える。
© Bernard Gagnon

五行山の大理石でできたおみやげ。亀の置物は30,000VND。

見どころ **Đà Nẵng**

観音様のお顔が見える通りでは、地元の人も車やバイクを停めてお祈りしている。

ダナンの海と街を見守る観音様
Chùa Linh Ứng
リンウン寺

多くのベトナム人も熱心にお参りに行くお寺です。ミーケ・ビーチからも見える観音様はベトナムいちの大きさで、高さ67mもあります。近くで見るとすごく迫力があり、いつもダナンの海と街を見守ってくれている感じがします。以前ダナンは大きな台風被害に見舞われることが多かったのですが、観音様を建ててから大きな被害がなくなったとも言われています。

本堂や観音様のなかにも入れますが、神聖な場所なので靴を脱ぐのをお忘れなく。また、本堂の裏にも千手観音様がいらっしゃるのでそちらもお参りしましょう。観音様の位置からはダナンの街と海を一望でき、朝や夕方はとくに気持ちいいです。昼間はとても暑く日陰が少ないので、日焼け対策をバッチリして行きましょう。

本堂までは急な階段になっているので足元にご注意を。

本堂へは靴を脱いで入る。露出の多い服で入るのはNG（無料で布の貸出あり）。

観音様の目線で見るダナンの海。

📍 Chùa Linh Ứng, Hoàng Sa, Thọ Quang, Sơn Trà, Đà Nẵng
🕐 6:00～19:00、無休　💰 無料
MAP 📍 P.8 A-2

Đà Nẵng 観光スポット

同じ運営母体の系列カジノは、この「CLUB99」含めダナン市内に4施設ある。

初心者も安心して遊べる日系カジノ
CLUB 99
クラブ99（フラマ・リゾート・ダナン内）

　ダナン初の5ツ星ホテル、フラマ・リゾート内にあるカジノ。日本人＆日本語対応可能なスタッフが常駐し、日本語の説明書も完備。ゲームの内容もわかりやすくて初心者でも安心です。ゲームはルーレットやブラックジャック、バカラ、ポーカー、スロットなどがあります。チャージは100USD〜ですが、スロットなら1¢、ブラックジャックなら5USDからベット可能。初めての人は入り口でパスポートを見せるとチャージ用カードを作ってもらえます。チャージはUSDでの換算になりますが、日本円やVND、クレジットカードでの両替＆チャージも可能。ボードゲームではディーラー係のスタッフが一緒に悩んでくれたり、まわりの人と一緒に考えたり……国籍をこえてゲームを楽しむことができます。

📍 105 Võ Nguyên Giáp, Khuê Mỹ, Ngũ Hành Sơn, Đà Nẵng
　（Furama Resort Danang）
📞 0236 3987 475　🌐 e-gamingresortsdanang.com/　📷 @Club99_FuramaDN
🕐 24時間営業・無休　MAP 📍 P.11 A-2
◎アルコールも含めてドリンク無料。イベント開催時は無料ビュッフェなども有。
初来店時30USD分チャージクーポン贈呈。

スロット、バカラ、ルーレット、ブラックジャックのほか、7Dポーカーもプレイできるのでポーカー好きさんにもおすすめ。

ドレスコードもないのでお気軽にご来店ください！

軽食やドリンクの無料提供もあるので、旅程や都合に合わせて利用してみては？

観光スポット **Đà Nẵng**

"世界いち美しい猿"の自然保護区
Đỉnh Bàn Cờ
バンコー峠

ソンチャー半島内陸部の自然保護区には、絶滅危惧種の保護動植物が数多く存在します。ここでは、その色鮮やかな毛並みから「世界で一番美しい猿」の異名を持つ絶滅危惧種1B類の猿「アカアシドゥクラングール」も見ることができます。彼らは大きな音などに敏感で、人間の気配がするとすぐ移動してしまうので気をつけて。大きな望遠レンズで撮影している人がいたら、その近くにいると見られる可能性大!?

顔のオレンジ、顔まわりと前腕などの白、肩と腰、手足の黒、首とすねのワインレッド、胴体の灰色、と5色の毛が特徴。

左・大きな望遠レンズを持った人のそばにいると高確率で遭遇できる。／右・バンコー峠へのモンキーバス内は24席以下の自動車、マニュアルバイク、マウンテンバイク、徒歩でのみ侵入可。

📍 Bàn cờ, Thọ Quang, Sơn Trà, Đà Nẵng
🕒 7:30〜17:30、無休
MAP 📍 P.8 A-2
◎エリア内に入る際、代表者の名前と電話番号の記入要

カフェなのにさまざまな体験ができる
Create Danang Art Space
クリエイト・ダナン・アート・スペース

カフェ **Đà Nẵng**

外の席はワンちゃん連れのお客にも人気。

アクリル絵画教室や石鹸・キャンドル作り、かぎ針編みものなど、日ごとにさまざまなワークショップも行っているカフェ。初心者から経験者まで参加できます。ワークショップは基本的に英語で行われ、要予約ですが、1日前までにフェイスブックやインスタグラムから予約すればOK。軽食やスイーツも提供しており、カフェのみの利用も可能です。

上・かわいらしい店内にはワークショップ参加者の作品がたくさん並んでいる。／右・かぎ針編み教室でお花を作ってみました。

📍 18A Mỹ Đa Đông 8, Bắc Mỹ An, Ngũ Hành Sơn
📞 0931 610 621   🌐 createdanang.com/
📘 createdanang   📷 @createdanang
🕒 8:00〜21:00、無休
▶ ワークショップ150,000VND〜(飲みもの代含む)
MAP 📍 P.11 A-2

ダナンのビーチ紹介

透明度の高いミーケ・ビーチ。日中は外国人観光客が多い。

ダナンの海は乾季はおだやかで透明度が高く、まさにビーチリゾート。雨季には日本海のような荒々しい波になりますが、絶好のサーフシーズンでもあります。日焼けをあまり好まない地元の人たちがビーチに来るのは早朝か夕方。早朝の日の出前は、散歩や器具を使って運動をする人がいたり、エアロビクスのクラスなどが行われていたりします。夕方は海水浴に来る家族連れなどが多く、地元の人々にとって海は生活の一部となっていることがうかがえます。

日の出の時間はほぼ地元の人しかいない穴場。

左から／多数のローカル・エアロビクス・クラスが行われる朝のビーチはにぎやか。／ビーチ沿いの健康器具で運動する人々。／シルエットが浮かび上がる、ミーケ・ビーチの日の出。

ビーチ　Đà Nẵng

クアン・ベー・マン
(P.56)

Bãi biển Phạm Văn Đồng
ファン・ヴァン・ドン・ビーチ

Bãi biển Mỹ Khê
ミーケ・ビーチ

Bãi biển Mỹ An
バック・ミーアン・ビーチ

Bãi biển Non Nước
ノン・ヌオック・ビーチ

五行山(P.22)

ダナンの代表的ビーチ
Bãi biển Mỹ Khê
ミーケ・ビーチ

ビーチパラソルやレストランがすぐそばにあり、ゆったりビーチを楽しむのにも海水浴にもおすすめ。ゴミのポイ捨てや動物の連れ込みも禁止されているので砂浜は綺麗です。ビーチチェア＆パラソル利用料目安：20,000VND〜

早朝から夜まで、各国の人が楽しんでいる。チェアを借りてもいいが、ビーチに座っている人も多い。

静かなサーフスポット
Bãi biển Non Nước
ノン・ヌオック・ビーチ

広いビーチは地元のファミリー層にも人気。

五行山近くのビーチ。人が少なく、お店も少ないエリアですが、サーフスポットとしても有名で（60年代、米軍の人たちがサーフィンを楽しんでいたビーチでもあるそう）、近くにちょっとしたホステルやカフェなどもあります。ビーチは急に深くなるところもあるので、海水浴をする場合は注意してください。

リゾートホテルの
　　プライベートビーチ
Bãi biển Mỹ An
バック・ミーアン・ビーチ

5ツ星ホテルが建ち並ぶビーチエリア。それぞれがプライベートビーチになっているので、宿泊者以外は立ち入りできません。

リゾートホテルのプライベートビーチでは宿泊者がのんびり過ごしている。

穏やかな波とシーフード
Bãi biển Phạm Văn Đồng
ファン・ヴァン・ドン・ビーチ

ローカル色の強いビーチ。周囲にはローカル海鮮レストランや海鮮市場があり、バスケットボートや船で漁をしているのも目にします。地元の人向けの海水浴場もあり、乾季は屋外シャワーなども利用可能。近年はローカル・ビーチ・アクティビティの催行会社も増えてきました。ローカル海水浴場利用料：3,000VND〜

静かなビーチ。写真を撮ったりサーフィンをしていたりする人もちらほら。

ビーチでアクティビティ

ダナン滞在に欠かせないのがビーチで過ごす時間。公共のビーチも多く、気軽に海を楽しめます。泳ぐのもいいですが、サーフィンやスタンド・アップ・パドル（SUP）などは初心者でも挑戦しやすい環境です。パラセーリングやジェットスキーも人気。地元の人は早朝と夕方に集中するので、日中はのんびりした雰囲気です。アクティブに海を楽しむか、ゆったり過ごすかはあなた次第！

⚠ 公共のビーチには屋外シャワー（使用料3,000VND～）がありますが、タオルなどはないので忘れずに持参を！

屈指の美しいビーチをめいっぱい満喫しよう。

ビーチアクティビティ **Đà Nẵng**

はじめてのサーフィンでも、ボード上に立てる人も多い。

はじめてでも安心！
Surfing
サーフィン

ロングボードだと初心者でも波に乗りやすい。

ダナンはサーフスポットとしても有名で、サーフトリップに訪れる人も多いです。乾季はとくに波がおだやかになります。サーフィンに初心者にもおすすめのスクールがサーフ・シャック。日本人インストラクターが在籍していて、安心して挑戦できます。クラスはインストラクター1人につき最大4人までの少人数制で行われ、細かな指導を受けられます。1人での参加も可能。波に乗っている姿もアシスタントさんがたくさん写真を撮ってくれるので、いい思い出になるはず。ボードやウェット、タオルはレンタルすることができ、店内にはパウダールームやドライヤー、シャワー、トイレも完備されているので、サーフィン後にそのまま観光にも行けます。経験者にはボードのレンタルもあります。

※SUPは乾季限定

レッスンでは、まずはビーチでパドルの仕方や立ち方を練習する。

1階ではハワイ発のブランド「URBAN ISLAND SOCIETY」のアパレルも販売。

Surf Shack Da Nang
サーフシャックダナン

📍 33 An Thượng 4, Bắc Mỹ An, Ngũ Hành Sơn, Đà Nẵng　📞 0702 579 544
🌐 surfshackvn.com/　f surfshackdng　@surfshackdanang　🕗 8:00～16:00、ベトナム旧正月休
💰 レッスン料：プライベート(1名)レッスン60分1,200,000VND、セミプライベート(2名)90分1,000,000VND/人、グループ(3~4名)90分800,000VND/人／ボードレンタルは時間制：ソフトボード60分150,000VND～
MAP P.10 C-2　※レッスンは日本語、英語、ベトナム語での対応が可能

Đà Nẵng　ビーチアクティビティ

スピードと迫力を楽しむなら！
Para Sailing
パラセーリング

　乾季や雨季の晴れた日におすすめ。ジェット・スキーは希望すれば自分で操縦できますが、自信がなければ催行会社のスタッフの運転の後ろに乗ることもできます。ベトナム人スタッフの運転はとても速く、ターンなどもするのでかなり迫力満点です。パラセーリングはビーチからスタートし、かなり上空まで上がって最後はビーチに落ちる形。バナナボートも催行されていますが、体験する場合はビーチ沿いのラグジュアリーホテル催行のものを利用することをおすすめします。

海と空の青色の綺麗さを楽しめるパラセーリング。

まったり波を楽しみたい方に！
SUP
スタンド・アップ・パドル

SUPはバランスも取りやすく、波の小さい乾季は多くの人が利用している。

海面をハイスピードで走り回れる。

　サーフィンをしてみたいけれど、ちょっと勇気がない……という人にはスタンド・アップ・パドル（SUP）がおすすめ。ミーケビーチ沿いにはレンタルボード店がたくさんあり、ボードが安定しているので、慣れればすぐ海の上を立ちながら漕げるようになります。日差しが強いので、濡れても大丈夫な帽子があると尚良し。

ビーチアクティビティ **Đà Nẵng**

透明な海のチャム諸島へはスピードボートで30分ほどのアクセス。

中部の離島で楽しむ
Snorkeling
シュノーケリング

ホイアンの郊外、クアダイ港からスピードボートで約30分のチャム諸島では、シュノーケルやダイビングなどが楽しめます。透明度が高く、ダナンより波もおだやかなので、珊瑚礁やさまざまな海洋生物を見ることができます。ローカル船もありますが、旅行会社催行の日帰りツアーを利用して行くのが安心です。時期は乾季がおすすめ。

Chàm Islands
チャム諸島

📍 Tân Hiệp, Hội An, Quảng Nam
MAP 📍 P.8 B-2
◎スピードボートはかなり揺れるので、乗りもの酔いする人は酔い止め持参を推奨

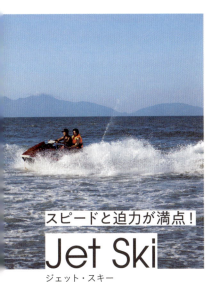

スピードと迫力が満点!
Jet Ski
ジェット・スキー

📍 ミーケ・ビーチ
⊕ ジェット・スキー、パラセーリングともローカルの催行会社(目安)650,000VND〜
パラセーリング 1人650,000VND
MAP 📍 P.10 B・C-2

旅程に余裕がある人は足をのばしてみては?

31

Đà Nẵng ショップ

日本人奥様のおみやげセレクション
Hoa Ly
ホア・リー

　日本人の奥様とベトナム人の旦那様で経営しているみやげ店。もともと日本のアパレル企業で働いていた奥様が自ら取り寄せる雑貨類はかわいらしいものばかり。ベトナム北部のバッチャン焼きや少数民族の手工芸品も取り扱っています。とくに人気なのはビーズのついたサンダルや刺繍入り巾着、水牛の角を使ったアクセサリーなど。個人的には水牛の角でつくられた動物型の箸置きがとてもかわいくておすすめです。ベトナムのお茶やお菓子、コスメも揃っているので、帰国まで時間がないけどおみやげが買えていない！という人にもうってつけ。自社オリジナルのオーガニックコスメも購入できます。2階にも商品がたくさんあるのでお見逃しなく！

📍 252 Đường Trần Phú, Phước Ninh, Hải Châu, Đà Nẵng
📞 0236 3565 168　🌐 hoalydanang.com　📘 @hoaly.danang
🕙 10:00～18:00、無休　　MAP 📍 P.9 B-2

ハンドメイドのビーズサンダル400,000VND。室内履きにも外履きにも使える。

左から、ナチュラル虫よけスプレー80,000VND、肌質改善におすすめのモリンガオイル15ml 100,000VND、見た目もかわいいナチュラルソープ50g 100,000VND～。

上・水牛の角でできた猫の箸置き90,000VND。カメやアヒルもある。／左・水牛の角でできたリング150,000VND。ピアスやブレスレットなども。

手前には服飾品が並び、滞在中も使いやすいアイテムが揃っている。奥にはコスメやアオザイ、アクセサリーが。2階もあるのでチェック。

ショップ **Đà Nẵng**

おしゃれなホームデコレーション店
YMa Studio
イマ・スタジオ

店内の壁や床のタイル装飾もかわいらしい。

木製ボウル295,000VND。箸45,000VND。木製小皿150,000VND。バッチャン焼きのレンゲ110,000VND。

左・お手頃価格で買える木製箸置き30,000VND。／右・2軒連なった外観。観葉植物でリラックスした雰囲気。

　小道に面したおしゃれな生活雑貨店。仏越インテリアデザイナーの夫婦が経営しており、取り扱っているものはすべてベトナム製のもの。陶器は北部のバッチャン村から仕入れたものですが、「ニュー・バッチャン」と呼ばれる、昔からあるバッチャン焼きから進化したものです。特徴はシンプルでモダンなデザインと、電子レンジにも使用できること。私も家でこちらのボウルを使用しているのですが、丈夫で洗いやすく、お気に入りです。プレゼントしてもよろこばれますよ。木製品はホーチミンから仕入れており、かわいい器やスプーンなどがあります。ゆっくり製品を吟味できるので、お気に入りを探しに立ち寄ってみてください。看板犬の"イヌ"くん(P.141)が人懐っこく出迎えてくれます。

10 Khuê Mỹ Đông 2, Khuê Mỹ, Ngũ Hành Sơn, Đà Nẵng
096 207 0189　www.facebook.com/YMa.dstudio
YMa.dstudio　@yma.design.studio
10:00〜19:00、日曜休
MAP P.11 A-2

ダナン発オーガニックコスメブランド

taran.
タラン

　抗酸化作用が高い万能オイル「タマヌオイル」を筆頭に、さまざまなオーガニックコスメラインを販売しています。製品の良さだけでなく、シンプルでおしゃれなパッケージや、商品がホイアンのテーラーで出た端切れの布でラッピングされているのもポイントです。私のお気に入りはタマヌセラムとヘアオイル。使用感も良く、つるつるさっぱりなお肌＆髪の毛に。自分で配合を楽しめる100％自然由来のフェイスパックやバスソルトも人気です。どのコスメ製品もその場でお試しできます。

　また日本人オーナーが原石から選びオーダーメイドしたアクセサリーや、アオザイの生地を使用したバッグ、オーガニックハチミツ、そのほかセレクト商品も多数。自宅用にもおみやげ用にもおすすめです。

上・100％自然由来のフェイスパックやバスソルトは、香りの好みや肌の悩み、効能などに合わせて自分で配合できる。／下・人気商品のタマヌセラム。タマヌオイルに複数の高機能オイルをふんだんに配合している。50ml／560,000VND〜。

📍 16 Mỹ An 25, Bắc Mỹ An, Ngũ Hành Sơn, Đà Nẵng
📞 0934 739 268
🌐 taran-vietnam.com/
📘 taran.vietnam/ 📷 @taran.vietnam
🕙 10:00〜17:00、無休
MAP 📍 P.11 A-2
◎ホイアンにも店舗あり
📍 13 Lưu Trọng Lư, Tân An, Hội An, Quảng Nam
MAP 📍 P.11 C-1

どの商品もテスターが用意されているので、しっかり試して気に入ったものが購入できる。

上・オリジナルデザイン商品やセレクト商品など、センスが光る商品がたくさん。／下・商品同様、シンプル＆シックでおしゃれな店がまえ。スタッフはみんな商品知識も豊富。

ショップ **Đà Nẵng**

ここでしか買えない厳選商品多数

Sunglow
サングロウ

コーヒーはアラビカ種とロブスタ種が全4種類。ドリップバックだけでなく豆や挽き豆も。

　ダナン在住の日本人オーナーによるおみやげ屋さんです。ベトナム各地から厳選した雑貨やオリジナル商品を販売しています。ベトナムの高原地帯、プレイク近郊のコーヒー農園から入荷しているオリジナルコーヒーや、ダラット産のアプリコットやベリーを使ったクラフトリキュールは、オーナー自ら現地で見つけたお気に入りを販売。また、ホーチミン発の日越ブランド「ハンスリーベトナム（hansryvn）」のバッグはここでしか取扱がない商品です。在住者にも人気のオリジナルTシャツはS～4XLまでのサイズ展開で、海やゴルフ、食べものモチーフにしており、シンプルでかわいらしいです。

　1階には同オーナーによる「オニギリ・カフェ・ンゴーン（ONIGIRI CAFE NGON）」があり、日本の味が恋しい時や小腹が空いた時にぜひ。

ハンスリーベトナムのバッグはデザインなどにより約1,000,000VND〜。Tシャツ400,000VNDはサイズ展開も豊富で縫製もしっかりしている。

📍 15 Hoàng Kế Viêm, Bắc Mỹ Phú, Ngũ Hành Sơn, Đà Nẵng
📞 036 686 5996
📘 sunglow.danang 　📷 @sunglow.danang
🕐 11:00〜19:00、火曜休　MAP ▶ P.10 C-2

明るい店内にはオリジナル商品やベトナム各地からセレクトした素敵な商品が並んでいる。旅行の思い出としてもおみやげ用としてもおすすめ。

Đà Nẵng　ショップ

地元素材の食品からセレクト雑貨まで
Table Produce
テーブル・プロデュース

APEC会議で各国首脳に配られた「SAVALL」のカシューナッツチョコレートなども買える。

ベトナム南部のニャチャン産オーガニックコスメ「ODES」の取り扱いも豊富。

右・おすすめのブランド「TEMPI」の無農薬茶葉。／左・蓮の葉を人工樹脂で加工したバッグ。

　自社農場で育てた新鮮野菜からおみやげまで幅広く取り扱っているお店。ナッツやドライフルーツ、コーヒー、チョコレートなどのベトナム産食品からセレクト雑貨のおみやげも種類豊富。商品の紹介文が日本語でも書かれていて分かりやすいです。
　私のおすすめはベトナム中部の高原地域バンメトート産ブランド「テンピ（TEMPI）」のバタフライピー・ティー。アンチエイジングや眼精疲労に効果があるといわれ、レモン果汁を加えると青色から紫色に変わるのも素敵です。また日本人が監修しておいしさを追求した「スター・キッチン（STAR KITCHEN）」の商品は、味はもちろん、パッケージもかわいらしくおみやげにぴったり。
　バラマキ用のおみやげからおもたせ用まで、幅広いバリエーションの商品が購入できます。

📍 01 An Thượng 32, Bắc Mỹ Phú, Ngũ Hành Sơn, Đà Nẵng
📞 0867 641 495　🌐 tableproduce.com/
f table.produce　📷 tableproduce_danang
🕘 9:00〜21:00、無休　　MAP 📍 P.10 C-2

ショップ **Đà Nẵng**

ダナン発の人気チョコレートブランド
Pheva Chocolate
フェヴァ・チョコレート

ダナン市内の中心、チャンフー（Tran Phu）通りに面していて立ち寄りやすい。

一見、高級コスメや文具のお店かと見まがうようなスタイリッシュでカラフルな店内。

チョコの詰め合わせは6・12・24・40個があり、59,400VND〜（＋8%VAT）。

📍 239 Trần Phú, Phước Ninh, Hải Châu, Đà Nẵng
📞 0236 3566 030
🌐 https://phevaworld.com/
📘 Phevachocolate
🕗 8:00〜19:00、無休
MAP 📍 P.9 B-2

しっかりしていておしゃれなパッケージ＆袋。商品案内には日本語表記もあり。

　ベトナム南部ベンチェー省産のカカオ豆を使用したチョコレートの専門店です。人気の一口サイズアソートチョコは全部で12種類。ダークチョコレートやミルクチョコレートなど定番のほか、シナモン、ショウガ、コショウなどユニークなフレーバーもあります。私のお気に入りはピスタチオ。どれもコーヒーとよく合います。
　シンプルなロゴにカラフルなパッケージがかわいらしく、20色ほどのなかから好きな色の箱が選べます。会計時にそれに合った紙袋ももらえるので、プレゼントにもよろこばれると思います。推しの色で買ってもいいかも。詰め合わせは6個入りからあり、比較的手頃な価格なので、ちょっとしたおみやげやバラマキにもぴったりです。またフルーツやココアニブの入ったチョコレートバー（28g）もおすすめ。

ダナン・ホイアンで買える

おみやげ図鑑

ベトナムらしいおみやげは、市場やおみやげ店、各チェーン店などで購入できます。ここではとくに人気のあるおみやげや、私が普段日本の友人に買っていくおみやげをご紹介します！

切り絵カード
ベトナムらしいものから、花や動物などさまざまな切り絵のものがある。書店でも購入できる。20,000VND～

しおり
アオザイをモチーフにしたしおり。書店でも購入できる。15,000VND～

ビールホルダー
ベトナムをはじめ、東南アジアを代表するビールの柄が描かれたビールホルダー。缶にも瓶にもペットボトルにも使える。35,000VND～

ラタンバッグ
リゾート感満載のラタンバッグはデザインもサイズも豊富。200,000VND～

マグネット＆木製コースター
ベトナムの風刺画が描かれたマグネット 40,000VND～とコースター 60,000VND～

ノート
ベトナムのイラストや写真が表紙に描かれたノート。サイズ感も持ち運びに便利。ホイアンのみやげ店が種類豊富。25,000VND～

プラカゴ
ラタンバッグと同様に人気のバッグ。通気性が良く軽いので、海に行く時なども便利。200,000VND～

サングラス
ダナン・ホイアンは日差しが強いので日本から持ってきていない人におすすめ。値段は要交渉。まとめ買いすると1つあたりの値段も下がる。オープンな飲食店では売り子が来ることも。60,000VND～

リゾートワンピ

アジアンな柄から、シンプルなデザインなものまでさまざま。コットン製。150,000VND～

Tシャツ

スーパーや市場で購入できるダナンTシャツはお揃いで着ても楽しい。100,000VND～

刺繍袋

細かい刺繍が施されており、かさばらないのでバラマキみやげにもおすすめ。30,000VND～

ハイランズコーヒーのコーヒー豆

人気チェーン、ハイランズのコーヒー豆は、店舗だけでなくスーパーなどでも購入可270g 67,000VND～

スタバ製品

ダナンのスタバではベトナム全土の都市のマグカップが購入できる。スタバ限定のアオザイくまちゃんもかわいい。

柄パンツ

象柄やペイズリー柄でロング～ショート、サロペットタイプもある。部屋着としても、飛行機に乗るときも楽ちん。60,000VND～

畳サンダル

個人的にお気に入りのおみやげ。ダマスク調のものからシンプルなものまで。室内用スリッパにも外履きにも使える。40,000VND～

※値段はあくまで目安。商品の状態や購入するお店によって値段はまちまち、市場では値段交渉が必要。

食材からベトナムの雑貨まで揃うハン市場。

🛒 市場&スーパーでお買いもの!

　ベトナムみやげ探しに、市場やスーパーは欠かせないスポット。市場は基本的に交渉が必要ですが、押しと引き（困った顔をする、帰るそぶりを見せる、など）次第で、まとめ買いでお得にしてもらえたり、掘り出しものを見つけられたりすることもあります。

　スーパーは値段が明瞭で、商品の状態も比較的きれいです。ダナン市内の主要スーパーは、ロッテ・マート、GO! ダナン（ビンチュン・プラザ内）、ウィンマート（ビンコム・プラザ内）の3つ。どこも日本のデパート的存在で、施設内に映画館やゲームセンター、フードコートなどがあり、週末は地元の親子連れやデート客でにぎわいます。

　食品のおみやげを買うなら、種類も豊富なスーパーがおすすめ。市場では商品が長い期間陳列されて箱が劣化していたり、賞味期限切れのものが置かれていることもあるので注意。ただ、商品回転の早いスーパーでも、たまにレジの打ち間違いがあるのでレシートは購入後すぐに確認しましょう。

整然と陳列され見やすいスーパー。写真はロッテ・マート（P.41）。

スーパーマーケット **Đà Nẵng**

利用しやすいおすすめスーパー
Lotte Mart
ロッテ・マート

ダナンにはいくつか大きなスーパーがありますが、私のおすすめは、ローカルスーパーよりもきれいで、商品も見やすいロッテ・マートです。生活用品だけでなく、おみやげ品もたくさんあり、コーヒーの種類もとっても豊富。試飲もできます。また、ベトナムのロッテ・マートオリジナルの商品もあり、フェイスパックやお菓子などもお手頃価格で購入できます。

📍 6 Nại Nam, Hoà Cường Bắc, Hải Châu, Đà Nẵng
📞 0236 3611 999
🌐 lottemart.com.vn
🕗 8:00～22:00、無休
MAP 📍 P.11 A-1

1～2階は飲食店やおみやげ品、3・4階がスーパー、5階には映画館とゲームセンターがある。

フルーツや野菜を使ったマット・ナー（Mặt nạ）フェイスパック10,000VND〜。

ロッテ・マートオリジナルの石鹸は16,000VND〜。

ベトナム最大のコンビニ・チェーン。

ダナンのそこらじゅうにあるミニマート
Win Mart+
ウィンマートプラス

ダナンで多数店舗を展開しているミニマート（日本のコンビニ的存在）。飲みものやお菓子、カットフルーツ、生活用品などが購入できます。メイク落としを忘れてしまった、生理用品が必要、ホテルにストックしておく飲みものを買いたい、などちょっとした買いものにとても便利。種類は少ないですがコーヒーや調味料も取り扱っているので、おみやげの買い足しにもおすすめです。

📍 ダナン市内に50店舗以上
🌐 winmart.vn
🕗 6:00〜22:00、無休
　（目安。店舗によって変動あり）

野菜などの生鮮食品の陳列も清潔で安心です！

スーパーで買える

おみやげ図鑑

スーパーで買えるおすすめはこちら！
なお、お菓子など箱入りの場合、
"数字＋「cái」"と書かれていれば小分けの商品です。
また、稀に商品が既に開封済みのことなどもあるので、
購入の際はパッケージに穴や傷がないか
よく確認してからカゴに入れましょう。

ハチミツ
Mật ong
マット・オン

種類が豊富。私のおすすめはメコンデルタのマングローブの花から採取された「Honey Land」ブランドの商品。クセがなく、さらさらしているのに濃厚な味で料理などにも使いやすい。50,000VND～

上標油
Siang Pure Oil
シアン・ピュア・オイル

通称「おじさんの油」。頭痛、筋肉痛、酔い止め、腹痛、虫刺され、などに効く万能オイル。タイガーバームと似ているが、質感がさらさらしていて使いやすい。唐辛子が配合されているので塗り過ぎ注意。薬局でも購入可能。5cc/11,000VND～

インスタント麺
Mì ăn liền　ミー・アン・リエン

肉や魚介のフォーのほかブン（米粉からつくられた押し出し麺）、ラーメンなどインスタント麺の種類が豊富。おすすめは味にハズレのない「ACECOOK VIETNAM」の商品。安いので箱買いしていく人も多い。6,000VND～

緑豆餅
Bánh đậu xanh
バイン・ダウ・サン

緑豆からつくったお菓子。味はきなこに似ていて、口のなかに入れるとホロホロと崩れるので子どもやお年寄りも食べやすい。小分けになっているので、バラマキみやげにもおすすめ。30,000VND～

パテ
Pa Tê
パテ

バインミーには欠かせないパテ。パンにもクラッカーなどにも合い、お酒のお供にもぴったり。99,000VND～

塩類
Muối
ムォイ

定番のライム塩からフルーツ用のエビや香辛料の入った塩など。私のおすすめはパッケージも味もいい「Dh Foods」のもの。友人にも好評でリピート買いしている。5,900VND～

えびせん
Bánh phồng tôm
バイン・フォン・トム

食事やおつまみとしてベトナムで人気。以前は油で揚げるものが主流だったが最近は電子レンジ調理可能のものも多く、油を使わず手軽に食べられる。12,000VND～

サテトム
Sa tế tôm
サ・テ・トム

海老風味のラー油的なタレ。そのまま生春巻きや肉や魚のつけダレにしても、炒めものに入れてもおいしい。
10,000VND〜

ココナッツクラッカー
Bánh Dừa Nướng
バイン・ドゥア・ヌン

ベトナム中部の特産品で、スパなどで出されることも多い米粉の薄焼きクラッカー。ココナッツが入っていて、素朴な甘みとザクザクした食感が楽しめる。小分けになっているので、バラマキ土産にも。25,000VND〜

ひまわりの種
Hạt Hướng Dương
ハッ・フォン・ドゥン

ベトナムのおつまみの定番はこれ。口の中で殻と実を分け、実を食べる。香ばしい味わいがクセになって止まらない！ビタミンEやミネラルが豊富で、美容や健康に良いとも。
25,000VND〜

コーヒーサブレー
Coffee Joy
コーヒー・ジョイ

サクッとした食感にほんのりビターな味わいが食べやすく、ベトナム人にも人気。箱入りのものはサブレー5枚ずつの小分けになっていて、こちらもバラマキみやげにおすすめ。15,000VND〜

ドライマンゴー
Xoài Sấy Dẻo
ソアイ・サイ・デオ

ベトナムにはさまざまな種類のドライフルーツが売られているが、その中でも特にドライマンゴーは人気。しっとりしていて、うまみと甘みが感じられる。40,000VND〜

ジャックフルーツチップ
Mít Sấy ミッ・サイ

食物繊維豊富なジャックフルーツを植物油だけで加工したチップス。砂糖不使用だがほんのり甘酸っぱく、サクサク食感も楽しい。試食して気に入ったら大袋を買うのもおすすめ。100g40,000VND〜

さきいか
Mực Xé Sợi
ムック・セー・ソイ

イカのうまみが凝縮されたさきいか。おつまみのほか、サラダやパスタなどのトッピングとしてもおすすめ。いろいろな味があるが、おすすめは甘みもあるココナッツミルクで蒸したもの。28,000VND〜

Đà Nẵng 市場

ダナン最大の市場

飲食エリアも市内の市場ではいちばんの広さ。

Chợ Cồn コン市場

観光客だけでなく、地元の人々の生活拠点でもある、ダナン市内でいちばん大きい市場。食料品や衣料品、アクセサリー、飲食コーナーなどにエリアは分かれており、私のおすすめは衣料品エリア。アジアっぽい柄のズボンやフルーツ柄のシャツ、Tシャツ、畳サンダルなど種類が豊富です。値段交渉次第ではどこよりも安く買えたりします。まとめ買いをすると値引き交渉しやすいので、お友達の分も合わせて買うなどするといいかもしれません。ベトナムのローカルな活気を味わうなら、にぎわう休日の午前中や夕方に。通路によってはとても狭く、まれにスリや置き引きも発生しているので、カバンや貴重品には十分に気をつけてください。

📍 290 Hùng Vương, Vĩnh Trung, Hải Châu, Đà Nẵng
🕐 6:00~18:00、無休
MAP 📍 P.9 B-1

上・外観。向かい側には「GO! ダナン」の入った、ビンチュン・プラザがある

上・エリアごとに分かれてはいるが、時間帯によってさまざまなものが路上に出現する。／右・かなり狭い通路もあるので商品や人に気をつけて。

市場 **Đà Nẵng**

市街中心地にある市場
Chợ Hàn
ハン市場

右上・チャン・フー通り沿いの入り口。おみやげエリアにすぐ入るにはここから。／上・ノンラー（ベトナムの三角帽子）やカゴバッグも豊富。

市街中心部に位置する市場。1階は食品やイートインコーナー、小物類など、2階はTシャツやアオザイ、靴などの服飾エリアとなっています。観光客がメインですが、建物で囲われた市場のため、"マントム（エビの発酵調味料）臭"が充満しており、人によってはきついかも知れません。両替はここ周辺の貴金属店がおすすめる。

📍 119 Đường Trần Phú, Hải Châu 1, Hải Châu, Đà Nẵng
🕒 6:00〜19:00、無休　MAP 📍P.9 B-2

ローカル度が高く、地元の学生に人気。

地元密着型市場
Chợ Bắc Mỹ An
ミーアン市場

左上・カエルもアヒルも生きたまま売られていて、その場で捌いてくれる。／左・カオスな雰囲気の市場。

在住外国人も多く住むエリアにある市場。基本的に在住者か地元の人しか行かないので、お買い得なものが多いです。場内は食品やイートインコーナー、服飾品などありますが、場外も小さな商店に囲われており、アヒルや鶏、カエルの肉などめずらしいものが見られます。ちょっとした服なら安く手に入るので、急に着替えや羽織るものがほしい時などに便利です。

📍 119 Đường Trần Phú, Hải Châu 1, Hải Châu, Đà Nẵng
🕒 6:00〜19:00、無休　MAP 📍P.11 A-2

ソンチャー・ナイトマーケットに行ってみよう!

好きな写真でグッズがつくれるお店。

肉や魚のグリル、ベトナムの麺料理やチェーなど食べ歩きも楽しい。

ドラゴン橋の近くの入り口。

上から/リゾートワンピの店。試着は屋台隅に布を張って行う。/似顔絵屋さんも地元の人に人気。100,000VND〜。

ダナンのドラゴン橋(P.19)の頭側から歩いてすぐの、毎晩開催されいるナイトマーケット。飲食店や服飾店、おみやげ店など100軒以上の屋台が連なり、観光客から地元の人まで、多くの人でにぎわっています。日中買い損ねてしまったものも、こちらで手に入るかもしれません。

日中の市場と同じく、物販エリアでは値段交渉も可能。地元の若者にはスマホの写真から携帯ケースやキーホルダーをオーダーメイドでつくれる(30,000VND〜)お店が人気です。飲食エリアでは、海鮮のBBQやフレッシュフルーツを使ったシントー(スムージー)やアイスクリームがおすすめ。イートインスペースもあるので、その場で座って楽しめます。雨季の天候の悪い日は開いてないお店や、屋根がないところも多いのでご注意を。また、週末のドラゴン橋のパフォーマンスの時間帯はとても混み合います。

Chợ Đêm Sơn Trà
ソンチャー・ナイトマーケット

📍 99 Cao Bá Quát, An Hải Trung, Sơn Trà, Đà Nẵng
◎ 右記に移転計画あり ♥ Chợ Đêm Bạch Đằng Đà Nẵng
🌐 g.co/kgs/QPHgjey
🕐 18:00〜23:00、無休(祝日・雨天の場合営業時間は変動あり)
MAP 📍 P.10 B-1

アオザイを着て撮影＆街歩きしてみよう

気分はすっかりローカル！

ベトナムの民族衣装のアオザイ。ベトナム航空のCAをはじめ、ホテルスタッフ、高級レストランや銀行のスタッフも着用しているので、ベトナムへ来ると必ず目にすると思います。ちなみに白いアオザイは高校生が着ています。ピタッとしたラインの出る上着に、下は余裕のあるパンツなので、見た目より動きやすいです。日本語対応の旅行ラウンジ「ブイブイ・グローバル・ラウンジ」では、アオザイをレンタルして街歩きできます。100着以上の豊富なサイズやデザインから選べ、鍵つきロッカーも完備されているので安心です。店舗内にはアオザイ撮影用にランタンのコーナーも。希望者にはノンラー（ラタニアの木の葉でできた円錐形の帽子）の貸し出しもしています。またツアーやシャトルバスの予約も可能です。

男性用や子ども用のアオザイもあるので友達やカップル、家族でも利用できる。

店内には撮影用にランタンで装飾されたコーナーや、ベトナムらしさ満点の伝統的な帽子ノンラーなど小道具の貸し出しもある。

カフェでの休憩も絵になる。

Vui Vui Global Lounge
ブイブイ・グローバル・ラウンジ

- 📍 3 Đống Đa, Thuận Phước, Hải Châu, Đà Nẵng
- 📞 0236 7301 400　🌐 his-discover.com/vietnam/
- 📷 @travelwithyou_skyhub_vn
- 🕗 8:30〜17:30、土日祝日休
- 💰 アオザイレンタル300,000VND
- ※街歩きする場合は別途500,000VNDのデポジット要
- MAP 📍 P.9 A-2

ローカル料理図鑑

ベトナムには数多くのローカルフードがあります。
市場のイートインコーナーやレストラン、専門店、
どこで楽しむかはあなた次第！
ここでは私のおすすめのローカルフードをご紹介します。

※以下のページもご参照ください。バインセオ(P.52)、ブン・チャー・カー(P.53)、バイン・カン(P.55)、コム・ガー(P.58)、ボー・ネー(P.59)、バインミー(P.130)、ホイアン料理(P.116)、フエ料理(P.60)

Rice

Xôi gà
ソイ・ガー

こちらも朝ごはんの人気料理。とくに子どもが好むので、幼稚園や小学校の前に屋台が多い。もち米に茹でて割いた鶏肉を香草やライム、塩胡椒で味つけしてのせたものでとっても食べやすい。私のいちばん好きな朝ごはん。15,000VND〜

Bánh cuốn
バイン・クオン

朝ごはんによく食べられる。蒸した米粉の生地にキノコや豚のひき肉を巻いた料理。上にはフライドオニオンがのっている。ダナンでは"chả"と呼ばれるさつま揚げと一緒に出てくる店が多い。スイートチリソースにつけていただく。25,000VND〜

Bánh tráng thịt heo
バイン・チャン・ティット・ヘオ

ダナン名物料理のひとつ。薄くスライスした茹で豚肉にレタスやモヤシ、香草をライスペーパーで巻いてタレにつけて食べる。マンネム(魚を発酵させた強烈な香りのタレ)と出てくるが、苦手に感じた場合はヌック・マム(魚醤)につけて。65,000VND〜

Meat

Cánh gà
カイン・ガー

手羽先の炭火焼き。焼き鳥に似てビールによく合う。見た目は鶏の足そのものだがコラーゲンたっぷりでしかも安い。1本から注文できるので2軒目などにもおすすめ。ベトナム人にはチャン・ガー(Chân gà＝鶏の足の炭火焼き)が人気。17,000VND〜

Bò kho
ボー・コー

ベトナム風ビーフシチュー。ホロホロに煮込まれた牛肉と野菜にスパイスがきいていて(でも辛くはない)日本人の口にも合う。パンや麺と一緒に食べる。30,000VND〜

Noodle

Phở フォー

ハノイ発祥の平たい切り米粉麺。鶏や牛ベースのスープに鶏肉や牛肉をのせて食べる。主流はレアの牛肉（ウェルダンも選べる店が多い）。35,000VND〜

Bún thịt nướng ブン・ティット・ヌン

冷たい混ぜそば。細い押し出し米粉麺に生野菜や香草、なます、ピーナッツ、炭火で焼いた豚肉がのっていて、ヌック・マム、ライム、ニンニク、チリが入った甘酸っぱいタレをかけて食べる。焼豚のせバージョンはブン・ティット・クェイ（Bún thịt quay）。20,000VND〜

Miến gà ミェン・ガー

鶏肉の入った春雨麺。二日酔いの時など、やさしい味が染みる。25,000VND〜

Mỳ Quảng ミー・クアン

ダナン名物の汁なし麺。平たい小麦麺で、日本のきしめんにも似ていて食べやすい。肉やエビ、卵、ピーナッツがのっていて、魚介の甘辛タレでいただく。好みで香草や揚げたゴマのライスペーパーを混ぜる。35,000VND〜

ハノイの名物料理だがダナンでも人気。細い米麺のつけ麺の一種。つけ汁には炭火で焼いた豚肉やつくね、野菜が入っている。好みで香草やチリを入れて食べる。40,000VND〜

Bún chả ブン・チャー

ローカル食堂で出てくる薬草盛り。好みでトッピングしていただく。

よく出てくる香草の種類と効能

ベトナム料理に欠かせない香草。さまざまな効能があると言われており、麺料理をはじめ、シーフードや肉料理にも盛り合わせでどっさりと出てきます（無料）。ここではよく登場する香草の種類と効能についてご紹介します。なお、妊娠中の人や持病のある人は控えたものがいいものもあるのでご注意を。

パクチー
Mùi ngò
ムイ・ンゴー

麺料理や米料理、バインミーなどあらゆるベトナム料理に使われているメジャーな香草。ビタミンが豊富で、美容や健康に効果があると言われている。また、ベトナムでは、殺菌効果の高い香草とも言われて、ローカル料理を食べる時には腹痛予防にもなる。

スペアミント
Húng bạc hà
フン・バック・ハー

食事やデザート、モヒートなどのカクテルにも使われる。ハーブのなかでもクセが強くなく、食べやすい。ベトナムでは虫刺され予防にもなると言われており、蚊の増える雨季にはとくに食べた方がいいとされる。

ドクダミ
Rau diếp cá
ラウ・ディエップ・カー

風味が強いのでベトナム人でも苦手な方も多い。麺類と一緒に出てくることが多く、デトックス効果が期待できる。便秘解消やニキビにも効果があると言われている。

ノコギリ・コリアンダー
Mùi tàu ムイ・タウ

ノコギリのような葉が特徴。味はパクチーに似ているが、食感は「葉っぱを食べている感」が強い。麺類と出てくることが多い。口内炎や口臭予防、風邪に効くとされている。

オリエンタル・バジル
Húng quế
フン・クエ

甘い香りとクセの無さが特徴で、麺料理によく登場。ホルモンバランスを調えると言われており、生理痛やアンチエイジング、ストレス解消など女性にうれしい効果が多い。

ピリッと辛い、大きな葉が特徴。スープやライスペーパーに巻いて食べる料理の時、ローカルのBBQ店などでよく登場する。炎症や粘膜の健康に良いとされている。

Cải bẹ xanh
カイ・ベー・サン

カラシ菜

リモノフィラ
Rau ôm
ラウ・オム

辛味と苦味がクセになる香草。鍋料理やスープ、麺料理に使われることが多い。ガン予防や利尿作用があるほか、結石予防になるとされる。

ツボクサ
Rau Má
ラウ・マー

スープや肉料理に使われることが多い。味が三つ葉に似ており日本人にも食べやすい。リラックス効果や解熱効果があるとされており、ベトナム人は青汁のようにして飲む人も多い。

ヤナギタデ
Rau răm
ラウ・ラム

ホビロン(かえりかけのアヒルの卵を茹でた料理)に欠かせない香草。強い香りと辛味があり、香草好きに好まれる味。殺菌作用があり、風邪や腹痛に効くとされる。

ラーマウ
Lá mơ
ラー・モー

ほわほわした食感で肉料理や麺料理と出されることが多い。クセがなく食べやすい。咳止めになるほか便秘に効く。

香草が苦手な人は…

「香草を抜いてください」は、「ドゥン・チョー・ラウ・トム（Đừng cho rau thơm）」。発音が難しいので、「コン・ラウ・トム（Không rau thơm＝香草抜き）」と紙などに書いて持っておくと安心。

　最初から料理に入っている場合もありますが、麺料理などで別皿で出てくる香草は基本的に無料です。

Đà Nẵng　ローカルフード

細い路地奥の老舗バインセオ店
Bánh Xèo Bà Dưỡng
バインセオ・バー・ユン

常に地元の人や各国からの観光客でにぎわっている。

卵が入っていると思っている人が多いが、この黄色はターメリックの色。

ダナンのバインセオ（米粉・ターメリック・ココナツミルクでできたベトナム風お好み焼き）と言ったらここ。入店すると人数を聞かれ、バインセオとネムルイ、香草、酢の物、タレ、ライスペーパーが自動的に運ばれてきます。ネムルイは香草が練りこまれたアジア版つくね、といったところで、食べた分だけ会計に加算されるので、多かったら残しても大丈夫。また、自家製タレも濃厚な坦々麺スープのような味で、日本人にも食べやすいです。バインセオもネムルイも、そのまま食べても良いのですが、ライスペーパーに香草や酢のものなどを入れて自家製タレにつけて食べるのがベトナム式。細い路地のいちばん奥にあり、周辺に似た名前のバインセオ店が多いので行く際にはご注意を。

📍 K280/23 Hoàng Diệu, Quận Hải Châu, Đà Nẵng
📞 0236 3873 165　　f Banhxeobaduong
🕘 9:00~22:00、無休　　MAP 📍 P.9 C-1

路地を突き当たりまで歩くと到着する。

上・バインセオ1皿(4枚) 80,000VND、ネムルイ5串40,000VND。／左・ライスペーパーに好みの野菜や香草を包んで食べる。

ローカルフード **Đà Nẵng**

日本人にもなじみやすいダナン名物
Bún Chả Cá Bà Phiến
ブン・チャー・カー・バー・ヒエン

食欲がない時や二日酔いの日にもおすすめ。

ダナン名物のひとつ、ブン・チャー・カー（魚のすり身のさつま揚げのようなものが入った細い米粉麺のスープ麺）を食べるならここ。地元の人にも観光客にも人気のお店です。豚や牛の骨、魚、パイナップル、トマトなどから取った出汁はコクがあってさっぱり食べやすく、ベトナムの人は朝ご飯に食べることが多いです。さつま揚げだけのブン・チャー・カー（30,000VND〜）以外にも、マグロ（Cá ngừ）やサバ（Cá thu）、エビ（Tôm）をトッピングしたものもクセがなく食べやすいので、ぜひ試してみてください。麺と一緒に運ばれてくる野菜や香草、自家製ピクルスやマントム（エビのペースト）、チリやライムを好みで入れて食べます。お腹に余裕があれば、食後に自家製のスア・チュア（Sữa Chuaヨーグルト）もおすすめです。

店先で出汁をとっていて、いい香りがする。

左・テーブルにセットされたピクルスやチリなどは自由に使える。いろいろ試してみて。／上・大人数でも利用しやすい。

📍 63 Lê Hồng Phong, Phước Ninh, Hải Châu, Đà Nẵng
📞 090 510 20 47
🕐 6:00〜22:00、無休
MAP 📍 P.9 B-2

53

Đà Nẵng ローカルフード

地元の老若男女に人気のバインミー
Bánh Mì Bà Lan
バインミー・バー・ラン

持ち帰りのみの簡易的な屋台。

スタッフがテキパキとつくっていくのを見るのも楽しい。

夕方から開くダナン市民の間で大人気のバインミー屋台。メニューは8種類ほどありますが、間違いないのは「ミックス・バインミー（Bánh Mì Thập Cẩm）」。パテやハム、ネギ、パクチー、キュウリ、さつま揚げなどの具材がたっぷり入っていて、バターと醤油ベースのタレが炭火焼きのパンによく合います。自家製チリソースがかなり辛いので、苦手な方は「コン・カイ（Không cay）」または「No spicy」と伝えましょう。20〜30本など大量に買って帰るベトナム人も多く、店先はかなりにぎわいます。ベトナムのローカルカフェは持ち込みOKの店が多いので、購入してカフェで食べるのもおすすめです。売り切れ次第終了ですが、残っていれば23時頃まで営業しているので、夜食として購入も◎。

📍 62 Trưng Nữ Vương, Bình Hiên, Hải Châu, Đà Nẵng
📞 093 564 62 86
📷 @banhmybalan
🕒 15:30頃〜23:00頃（売り切れ次第終了）
MAP 📍 P.9 C-2

イチ押しの、
ミックス・バインミー
30,000VND。

塩気が強めのパテが野菜や
香草とよく合う。

ローカルフード **Đà Nẵng**

うまみ食材ともちもちタピオカ麺
Bánh Canh Nga
バイン・カン・ンガー

タピオカというと、スイーツのイメージが強いと思いますが、ベトナムでは主食としても大活躍です。バイン・カンはタピオカからつくられた麺で、半透明なのが特徴です（店によっては米粉のところも）。こちらのお店のバイン・カンは私が好きなベトナム料理のなかでも1、2を争うので、はじめてダナンに来た友人はほぼ連れて行きます！ 魚介と豚で煮込まれたスープにもっちもちの麺、そして気さくなお店のおばちゃんたち。大好きなお店です。全種類おいしいのですが、おすすめはカニ肉入りのバイン・カン（Bánh canh ghẹ）。地元の人にも人気のメニューなので、夜には売り切れてしまうことも。バイン・カンと一緒に出てくる揚げパンはスープにひたして食べましょう。

全部のせバイン・カン・タップ・カム（Bánh canh thập cẩm）70,000VND。

左・好みでチリソースを入れて。揚げパンはちぎってひたして。／右・イートインも持ち帰りも可能。バイン・カンは30,000VND〜。

スタッフがみんな気さくで明るくて気持ちの良いお店。

📍 78 Nguyễn Chí Thanh, Hải Châu 1, Hải Châu, Đà Nẵng
📞 090 502 26 41 🕐 10:30〜21:00、無休
MAP 📍 P.9 A-2

カー・ロック（Cá lóc＝ライギョ）は淡白な白身魚で日本人にも食べやすい味。

55

Đà Nẵng　ローカルフード

ローカルシーフード体験ならここ
Quán Bé Mặn
クアン・ベー・マン

ロブスターもこんなに大きい！

店先の炭火で焼く。手前はアカヤガラ、奥はホタテのネギ焼き「ソー・ディエップ・ヌォン・モー・ハン（Sò điệp nướng mỡ hành）」。

📍 Lô 8 Võ Nguyên Giáp, Mân Thái, Sơn Trà, Đà Nẵng
📞 090 520 78 48
f haisanbeman
🕘 9:00〜24:00、無休
MAP 📍 P.10 A-2

ハマグリのレモングラス蒸し「ゲウ・ハップ・サー（Nghêu hấp sả）」。

上・いつもお客がいっぱい。価格目安は注文するものにもよるが、1人約300,000VND〜／右・大きな看板が目印。

空芯菜炒め「ラウ・ムン・サオ・トイ（Rau Muống Xào Tỏi）」。

生け簀は5段になっていて迫力満点。

焼きエビはライム塩やマヨネーズ&チリソースで食べるとビールにも◎

卵入りのカニは地元ベトナム人にも人気。蒸しや鍋にするのがおすすめ。

ローカル海鮮の注文の流れ

まずテーブルに案内され、番号札を渡されるので、それを持って生け簀へ行く。

↓

その日漁れた新鮮な魚介から好きなものをグラム単位・調理法指定で注文する。
1kgあたりの値段が壁に貼ってある(毎日変動する)。

↓

そのほかの食事メニューも壁に貼り出されているので、気になるものがあれば一緒に注文を。
飲みものはテーブルで注文する。

ミーケ・ビーチ沿いの道をソンチャー半島方面に行くと、新鮮なシーフードをその場で調理してくれるローカル海鮮レストランが並んでいます。なかでも私がこの店をおすすめする理由は食材が新鮮なことと、大好きなアカヤガラ(体長1mほどの細長い魚で、コチのような味)が食べられること。グリルしたアカヤガラは皮はカリカリ、白身はフワフワ。ハーブに包んでライム塩のソースでいただくのがおすすめです。

注文方法は右記を参照。英語の話せるスタッフもいるのでご安心を。基本的に調味料は注文する魚介に合ったものが一緒に運ばれてきますが、日本式の醤油、マヨネーズ、七味、ワサビ、柚子胡椒を持参すると、個人的にはさらにおいしく海鮮が楽しめると思います!(ちなみにマヨネーズは現地調達するなら、ベトナム式はかなり甘いので「Japanese Style」を) なお、テーブルに置いてあるフルーツやおしぼりなどは別料金なので注意。店のスタッフではない行商の人がおつまみなどを売りに来ることもありますが、こちらも別会計となります。

ローカル海鮮で使うベトナム語

魚介類の名称

Ghẹ (ゲー)	ワタリガニ
Cua gạch (クア・ガック)	卵ありのカニ
Cua thịt (クア・ティット)	卵なしのカニ
Cá chìa vôi (カー・チア・ヴォイ)	ヤガラ
Tôm tít (トム・ティッ)	シャコ
Tôm hùm (トム・フゥム)	ロブスター
Tôm sú (トム・スー)	エビ(ブラックタイガー)
Mực (ムック)	イカ
Nghêu (ゲウ)	ハマグリ
Hàu / Hào (ハウ / ハオ)	カキ
Sò điệp (ソー・ディエップ)	ホタテ

調理法

Nướng (ヌォン)	焼く
Kho (コー)	煮る
Xào (サオ)	炒める
Chiên / Rán (チン / ザン)	揚げる
Hấp (ハップ)	蒸す
Luộc (ルオック)	茹でる
Rang (ラン) 煎る、火であぶる(BBQでも伝わる)	
Lẩu (ラウ)	鍋

Đà Nẵng ローカルフード

迫力と栄養が満点のチキンライス

揚げ鶏もも肉ライスは、キムチとスープ付きで60,000VND。

Cơm Gà A Hải
コム・ガー・アー・ハイ

ダナンのコム・ガー（チキンライス）の人気店。チキンライスの種類は揚げ鶏もも肉＝コム・ガー・クェイ（Cơm gà quay）、茹で鶏もも肉＝コム・ガー・ルォック（Cơm gà luộc）、茹で裂き鶏＝コム・ガー・セー（Cơm gà xé）の3種類があり、いちばん人気は揚げ鶏もも肉。チキンライスの鶏肉もご飯もとても色あざやかなのは、ガックという栄養価の高い東南アジアのフルーツが使われているからです。焼いてから揚げる鶏もも肉は、外側はパリッと内側は地鶏ならではの弾力。両方の食感が楽しめ、鶏の出汁で炊いたご飯にもよく合います。ガッツリした見た目ですが、やさしいお味。味にパンチが欲しい人はテーブルにあるチリソースやベトナム醤油を使ってください。もし2人以上で行くのであれば揚げと茹で、2種類注文してシェアするのもおすすめです。チキンライスと一緒に出てくるキムチや、冬瓜やきゅうりの入ったチキンスープもおいしいです。

📍 100 Thái Phiên, Phước Ninh, Hải Châu, Đà Nẵng
📞 090 531 26 42　🕐 8:00〜24:00、無休
MAP 📍 P.9 B-2

朝から晩まで楽しめる。

大事な食文化のひとつ
ベトナム朝ごはん

ナムさん一家の朝ごはん。

　ベトナムの朝は、オフィス前や学校前などいたるところに朝ごはんの屋台が出ています。お粥、バインミー、麺類、スープなど種類も豊富。ほとんどが1食100円以下の安さで注文後すぐに出てきます。そしておいしい！

　ベトナム版ステーキ「ボーネー（Bò né）」（牛肉、目玉焼き、パテの鉄板焼きに野菜や香草などがのった料理）は多くが朝限定の料理で、子ども達にも大人気。運ばれてくる時に店員さんが「Né, né〜!」と言っていたら、それは「（鉄板が熱いから）避けて」という意味（Bò néは「牛を避ける」の意味）。せっかくベトナムに来たら、是非ローカル店で食べてみてください。

　また、ベトナムでは市場勤めや漁業関係者など早朝から働かなければならない親御さんのために、学校給食でも追加料金を払えば朝食も出してくれるシステムがあります。朝ごはんを大切にしている文化がうかがえますね。（昼食の給食も選択制で、家が近い子どもは一度帰ることもOK）

ボーネー（パン・スープつき）70,000VND〜。

上・朝から老若男女問わず、ガッツリステーキ！／下・ボーネーの肉汁や黄身をバゲットに絡めるとおいしい。

Bò Né Quốc Minh
ボー・ネー・クォック・ミン

📍 28 Phan Đình Phùng, Hải Châu 1, Hải Châu, Đà Nẵng
📞 0236 3812 962　🕒 6:00〜11:00、無休
MAP 📍 P.9 B-2

ダナンで食べられるフエ料理

シジミの出汁が効いたフエ料理、コム・ヘン。© Lucas Jans

市場で食べるコム・ヘン&ブン・ヘン

ダナンのドン・ダー（Đống Đa）市場のイートインスペース。

シジミ麺のブン・ヘンは20,000VND～。

　ベトナム最後の王朝グエン朝が築かれた古都フエは、ダナン市内から車で北へ約2時間の世界遺産の街。今でも宮廷料理が有名ですが、家庭料理も独自の発達をしています。ダナンやほかの都市とはまた違って、唐辛子を多く使い、しっかりした濃いめの味つけのベトナム料理が楽しめます。

　フエまで行けなくとも、ダナン市内の市場のイートインスペースにもフエのご当地料理を食べられるお店がいくつかあります。いちばんの人気料理はフエの朝ごはんの定番、シジミごはん「コム・ヘン（Cơm hến）」。ごはん（cơm）に蒸したシジミ（hến）、刻んだ野菜、ピーナッツ、カリカリに揚げた豚皮などがのっており、好みでシジミの汁をかけていただきます。ダナンの市場にあるお店では、だいたいごはんにするかブン（細い米粉麺）にするか聞いてくれます（シジミ麺は「ブンヘン（Bún hến）」）。二日酔いの朝におすすめのフエのB級グルメです。

フエの家庭料理を食べるなら

　ダナンでフエの家庭料理を食べてみたい人は、フエ出身の家族が経営している店コム・フエ・ニュー（Cơm Huế Như）がおすすめ。日替わりのフエの家庭の定番おかずを3～4種類選んでごはんにのせてもらうスタイルで、毎日地元の人で混み合っています。スープがついてひと皿40,000VND～と価格もお手頃。ピリ辛牛肉の米粉麺「ブン・ボー・フエ（Bún Bò Hu）」も名物。ダナン市内にいくつかお店があります。辛いもの好きの人はぜひ挑戦してみては？

右・フエ名物の代表格、ブン・ボー・フエ(Bún bò Huế)。／下左・白身魚を香草で揚げ焼きした「カー・ロック・コー(Cá lóc kho)」。／下・エビのガーリックチリソース炒め「トム・サオ・トイ(Tôm xào tỏi)」。

左・コム・フエ・ニューでは好きなおかずを選べるのが楽しい。／右・定番おかずの筍のヌック・マム炒め、青菜のニンニク炒め、卵と豚角煮。角煮はココナッツウォーターで煮込む。

Cơm Huế Như
コム・フエ・ニュー

📍 20 Thái Phiên, Phước Ninh, Q. Hải Châu, Đà Nẵng
📞 094 384 12 46 🕘 9:00~20:00、無休
MAP 📍 P.9 B-2

Đà Nẵng レストラン

ダナンでフレンチを食べるならここ
Le Comptoir
ル・コントワー

開放的な屋外席もおすすめ。

盛りつけも美しいボーンマロウと仔牛のタルタル380,000VND。

ダナンでフレンチを食べるなら、リヨン出身のオリヴィエさんとミラノ出身のミリアムさんが営むこちらがおすすめ。閑静な住宅街にあるモダンな雰囲気の店で、室内・屋外両方の席で楽しめます。メニューは小皿料理から魚料理、肉料理までどれを頼んでもはずれがありません。日替わりメニューもあるので、是非スタッフに聞いてみて。

私のお気に入りはそれぞれの料理に合ったワインが出てくるペアリングコース。自家製のパンとレーズンバターもどの料理にも合い、ついつい食べてしまいます。ワインやチーズもフランスから輸入した本格的なものや厳選されたものを提供しています。ワインは味の好みを伝えるといくつか試飲もさせてもらえるので、ワイン好きさんにもおすすめです。

上・自家製フォアグラのテリーヌ390,000VND。どの料理を頼んでも、味も見た目もハズレなし。／左・オープンキッチン、カウンター席、テーブル席がある。

食とワインのスペシャリスト、オリヴィエさんとミリアムさん。

📍 16 Chế Lan Viên, Bắc Mỹ An, Ngũ Hành Sơn, Đà Nẵng
📞 0708 040 150　🌐 www.facebook.com/lecomptoirdng　📷 @lecomptoirdng
🕒 17:00〜21:00（要予約）、無休　MAP 📍P.11 A-2

レストラン **Đà Nẵng**

ベトナムNo.1、毎日手づくりのハンバーガー

Burger Bros
バーガーブロス

現在、観光人気エリアとして有名なアン・トゥンを発展させた火つけ役とも言えるバーガー店。2015年のまだこのエリアに何もない頃に小さな店舗からはじまり、現在はダナン市内にもう1店、計2店舗を展開、世界各地の著名人もお忍びで食べに来るほどの人気店です。アメリカ在住歴のある日本人オーナーがつくるハンバーガーはジューシーでボリューミー。ふわふわで小麦のいい香りがするバンズにガッツリしたパテがよく合います。ポテトもニンニクとローズマリーでシーズニングされており、思わずビールが進みます。毎日仕込むことにこだわっており、ダナンの観光シーズン（乾季）のディナータイムは売り切れることも。シロップを使わず、フレッシュフルーツでつくるアイスブレンディッドもおすすめです。

上・ミーケバーガー+エッグトッピング。トッピングやバンズをレタスに替えることも可能。／左・店内にはフォトジェニックなバーガーのネオンサインが。

上・フレーバーが選べるアイスブレンディッド各種40,000VND〜。／左・コロナ禍後大きなビルに新装移転。3階は同オーナーによる「ラーメン渚」。

📍 30 An Thượng 4, Bắc Mỹ An, Ngũ Hành Sơn, Đà Nẵng
📞 094 557 62 40
🌐 burgerbros.amebaownd.com
f burgerbros.danang
📷 @burgerbros_danang
🕐 11:00〜14:00、17:00〜21:00（売り切れ次第終了）
MAP 📍 P.10 C-2
◎ダナン市内にもう1店舗あり（MAP 📍 P.9 A-2）

Đà Nẵng レストラン

在住者にも人気の絶品中華&日本食

Chin Meshi
陳めし

クセになる味の麻婆麺180,000VND。

女性客に人気の黒酢豚176,000VND。

ダナンで中華や日本食が恋しくなったら行くべきお店。台湾出身、日本育ちのオーナーがつくる中華や日本食は絶品です。料理の鉄人として有名な陳建一さんと坂井宏行さんも訪れている名店で、私のおすすめは麻婆麺。ほど良い辛さと食感のいい豆腐に麺がよく絡み、思わず無言で食べることに集中してしまいます。

ランチタイムにはセットもあり、お手頃価格でお腹いっぱいになれます。また、自家製杏仁豆腐はとろける食感とほど良い甘さが絶品。個室や座敷席もあるので、大人数での利用もしやすいです（5人以上の場合は事前予約を）。スタッフも日本語対応可能な人が多く、安心して食事ができます。ホームページから宅配予約もできるので、天気が悪くて出かけたくない時なども便利です。

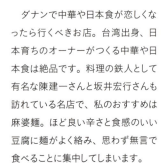

カウンター席もあり、ひとりでも利用しやすい。

- 23 Thái Phiên, Phước Ninh, Hải Châu, Đà Nẵng
- 0702 230 062
- chin-meshi.com
- chinmeshi
- @chin_meshi.restaurant
- 11:00～14:00、17:00～21:20、第2・4火曜休
- MAP P.9 B-2
- ◎ダナン市内にもう1店舗あり（MAP P.10 B-2）

刺身、寿司、ラーメン、うどん、丼ものなど日本食も充実。

レストラン **Đà Nẵng**

ベトナム発の大人気日系イタリアン

Pizza 4P's
ピザフォーピース

ハン川沿いで自然光の入るインドチャイナ店。夜はロマンティックな雰囲気に。

ピザはハーフ&ハーフも注文できる。ブラータパルマハム&マルゲリータ290,000VND。

2011年にホーチミンにオープンし、現在ベトナム国内に32店舗を展開する人気の日系イタリアン。ピザは薄生地、外はパリッとなかはもちもちでとっても食べやすいです。小皿料理やパスタもおいしいので、ふたり以上で行く場合はいろいろ頼んでシェアしてみてください。とくに食べていただきたいのがダラットでつくられている自家製のブラータチーズ。雑味がなく、ミルキーでみずみずしい食感で一度食べたらやみつきになります。私のお気に入りはマッシュポテト。おもしろいほどにトロリとした食感です。ダナン市内に2店舗ありますが、個人的には落ち着いた雰囲気の複合商業施設「インドチャイナ」内の店舗がおすすめです。

オープンキッチンなので、ピザをつくる工程を見られる。

上・トロリとした食感のマッシュポテト72,000VND。／下・タンドリーチキン&ハウスメイドチーズ(4チーズ) 233,000VND。

📍 74 Bạch Đằng, Hải Châu 1, Hải Châu, Đà Nẵng
　(Indochina Riverside Tower 2F)
📞 028-3622-0500（コールセンター）
🌐 pizza4ps.com
🕐 11:00（土日曜10:00）～22:00（L.O.21:30）、無休
MAP 📍 P.9 B-2
◎ダナン市内にもう1店舗あり（MAP 📍 P.9 B-2）
※ノンアルコールに8％、アルコールに10％の税金が加算されます

ベトナムのアルコール事情

左からフーダ(Fuda)、ラルー(Larue)、ビア・サイゴン(Bia Saigon)。

ベトナムと言えば東南アジア諸国のなかでビールの消費量がNo.1の国。地域それぞれメジャーなビールがありますが、中部のダナン・ホイアンでメジャーなビールはラルー(Larue)とフーダ(Huda)です。ジュースやアイス、外資系ミネラルウォーターよりも安いのもうれしいところ。

ベトナムでは、冷蔵庫の普及する前の名残りでビールに氷を入れて飲むのが今でも文化として残っています。ローカルレストランでは常温で出てくることも多々ありますが、お腹が心配な人は控えましょう。近年ではクラフトビールもとても流行っており、さまざまな特色を持ったベトナム産地ビールを楽しむことができます。ビール以外では、ハノイのウォッカ、高原地帯ダラットのワインも有名。値段も手頃でおみやげにも人気です。

お酒はスーパー、コンビニ、ローカル商店、酒店（Tiệm rượu）で購入できます。コンビニによってはビールのみの取り扱いの店舗もあるのでご注意を。

フエ発の酒造メーカー、フエフーズの「アティソはじめ」250,000VND〜。肝臓の味方と言われるアーティチョークを使った焼酎。

有名なハノイ・ウォッカ「Halico」100,000VND〜。

サッポロビールのベトナム人マーケット向け商品「Blue Cap」12,900VND〜は通常のサッポロより軽い飲み口。

ダラット・ワインの代表格「Vang Dalat」100,000VND〜。

ベトナム製ウィスキー「Wallstreet」480,000VND(750ml)〜。

バー **Đà Nẵng**

各国からの音楽好きが集まる

国籍関係なく、同じ音楽が好きな者同士で踊る場面もよく見られる。

Blends Social Bar
ブレンズ・ソーシャル・バー

　ミーケビーチからのびるンゴー・ティー・シー（Ngo Thi Si）通りはバーが連なる通りですが、その中でも音楽に完全特化したバーです。毎日レコードDJが入ったりバンド生演奏が行われていたりします。価格帯もリーズナブルでドリンクは40,000VND〜。私のおすすめのカクテルはラムベースのピスタチオ・サワー160,000VND。見た目もかわいらしく、南国の暑い夜にもぴったりの味わいです。またウイスキー好きにはグアンチャーレ・オールド・ファッション160,000VNDも人気。グラスの上に塩漬け豚がのっているのが特徴です。

　2階にはビリヤード台が設置され、1階の屋外席にはプロジェクタースクリーンによるスポーツ放映も。音楽からアクティビティまでさまざまに楽しめるので、各国からお客が訪れています。

南国の雰囲気を味わうなら外の席もおすすめ。大きなイベントの時は道まで人があふれることも。

私のおすすめカクテル、ピスタチオ・サワー（左）と、人気のグアンチャーレ・オールド・ファッション（右）。グラスの上には塩漬けの豚が。

オーナーでありDJとしてベトナム国内外でも活躍しているKAZHOさん。タイミングが合えば彼のプレイも見られる。

📍 49 Đ. Ng. Thì Sĩ, Bắc Mỹ An, Ngũ Hành Sơn, Đà Nẵng
📞 0362 131 149
f Blends-Social-Bar-61556557841006　⊙ @blends_social_bar
🕐 18:00〜3:00、無休　MAP 📍 P.10 C-2

Đà Nẵng / バー

ダナンの夜景が一望できるバー

The Gypsy
ザ・ジプシー（ニュー・オリエント・ホテル内）

屋内席は高い天井に高級感のある内装で、落ち着いて食事やお酒を楽しめる。

プールもありオープンエアーなつくりの外席はロマンティックな雰囲気。デートや記念日にも使いやすい。

食事メニューも豊富で、こだわりのモダンスタイル料理を提供している。ワインペアリングがついたセットは1,190,000VND〜。

ホテルの屋上にあるレストラン＆バー。屋外と屋内両方の席があります。プールのある屋外スペースでは見わたす限りのパノラマビューが楽しめ、外の空気を感じながらゆったり過ごせます。夕方には夕日が、夜は夜景が楽しめるので、どちらの時間帯もおすすめ。カクテルメニューは180,000VND〜。人気カクテルは2023年にベトナムのカクテルアワードで優勝した、ウイスキーベースの「ドラゴン・メモリー（Dragon Memory）」と、ウォッカベースの「ジプシー・バジル・ドロップ（Gypsy Basil Drop）」。モクテルもあるので、お酒が飲めない人も楽しめます。DJイベントや生演奏イベントも定期的に開催。食事もお酒もメニュー豊富なので、ディナーにも食後にゆっくり飲むのにも使えます。バースデープレートなども対応可能で、記念日や誕生日利用にも◎（要予約）。

人気のカクテル、ドラゴンメモリー（上）とジプシー・バジル・ドロップ（下）。

📍 20 Đống Đa, Street, Hải Châu, Đà Nẵng（New Orient Hotel Danang）
📞 0767 194 074　🌐 thegypsydng.com/
📘 thegypsydanang　📷 @the_gypsy_danang　🕐 17:00〜0:00、無休
MAP 📍 P.9 A-2

自分好みのカクテルが注文できる
The Craftsman Cocktail Bar
ザ・クラフツマン・カクテル・バー

カクテルメニュー各種、110,000VND〜。

手際の良いオーナーのトゥアンさん。

　ベトナム人オーナーが経営するおしゃれなバー。外観は明るく緑に囲まれていますが、なかへ入ると絵画やレコードが飾られた内装が赤いライトに照らされていて、良い雰囲気です。種類豊富なカクテルはお花やドライフルーツで装飾されており、見た目もフォトジェニック。特別なリクエストにも対応可能なので、好みを伝えると自分だけのカクテルもつくってもらえます。

📍 48 Phan Tứ, Bắc Mỹ An, Ngũ Hành Sơn, Đà Nẵng
📞 0844 011 444
🌐 www.facebook.com/thecraftsmancocktailbar
📷 @thecraftsman.danang
🕐 18:00〜翌1:30、火曜休　MAP 📍 P.11 A-2

赤いライトが特徴の店内。

南国を感じる開放的な雰囲気
Section 30
セクション・サーティー

タップビールは60,000VND〜、瓶ビール25,000VND〜、各種カクテル100,000VND〜と比較的お手頃価格。シーシャも楽しめる350,000VND〜。

📍 24-25 An Thượng 30, Bắc Mỹ Phú, Ngũ Hành Sơn, Đà Nẵng
📞 0903 017 001
🌐 badanangj.wixsite.com/danang
📘 section30　📷 @section30.vietnam
🕐 16:00〜1:00、無休
MAP 📍 P.10 C-2

　オープンエアーでふらりと入りやすいバーです。タップビールはベトナムのクラフトメーカーからインポートのものまで、常に15種類ほどと豊富なラインナップ。週末にはミュージックライブも行っており、さまざまなジャンルのアーティストの演奏が楽しめます（平日も開催日あり）。不定期でフリーマーケットやムービーナイトなどのイベントも多数。

ライブはロックやジャズだけでなく弦楽四重奏などが楽しめることも。

おやつに食べる

ローカルスイーツ

ベトナムではよくおやつを食べます。
オフィスでも3時頃になると、
フルーツやチェーをはじめとしたスイーツを食べる習慣があり、
気づくとデスクにおすそわけが置かれていることも。
ここではダナンでメジャーな
ローカルスイーツをご紹介します。

市場のチェー屋では、アボカドのペーストとアイス、ドライココナッツがのったケム・ボー（Kem Bơ）も。

Chè チェー

通年

甘く煮た小豆や蓮の実、ピーナッツなどの豆類や芋、寒天や果物などが入ったベトナムのスイーツの代表格。クラッシュアイスを入れて冷たい状態で食べるものが多いが、ダナンでは雨季になるとあたたかいものも食べられる。専門店や市場の飲食エリア、路上の移動販売で購入できる。10,000VND〜

Hạt dẻ ハッ・デー

雨季

味は甘栗に似てホクホクでおいしい焼き栗。焼き芋も一緒に売られていることが多い。雨季になると路上で売られる。1kg/65,000VND〜

Nước mía ヌック・ミーア

乾季

乾季のダナンに欠かせないサトウキビのジュース。キンカンかライムを搾って飲むとさわやかな甘さになって飲みやすくなる。路上のいたる所で売られている。10,000VND〜

Bánh tiêu
バイン・ティウ

通年

豆乳入りの揚げパン。ふわふわの食感で子どもに人気があるので、幼稚園や学校の前の路上でよく販売されている。5,000VND～

Đậu hũ
ダウ・フー

雨季

ふるふるのあたたかい豆腐のデザート。甘いショウガのシロップをかけて食べる。やさしい味わいが地元女子に人気。チェー専門店や屋台で食べられる。10,000VND～

ベトナムでも大人気の タピオカミルクティー

ベトナムでも2016年頃からタピオカミルクティーが流行りはじめました。タピオカの原料であるキャッサバの生産国でもあり、もともとカフェ文化が根強い国なので、タピオカ専門店が次々オープンしました。また、新メニューとして取り入れはじめたカフェも多くあり、現在ではいたる所で飲むことができます。大手タピオカ・チェーン（Tiger Sugar、Gong Chaなど）も参入していますが、ローカルのお店も頑張っており、150円ほどで飲めるところも。「Trà sữa」と書かれているお店はだいたいタピオカ店です。トッピングもプリン、ココナッツゼリー、小豆など豊富。P.55で紹介しているタピオカ麺もおすすめです！

上・ダナン市場にいち早く参入した「Gong Cha」。オープン時は長蛇の列が絶えず、現在も根強い人気。／下・台湾発祥の「Tiger Sugar」はマンゴーティーやドリアン・シュガーなどベトナム限定商品も。

Đà Nẵng ローカルスイーツ

みんな大好きダナンの老舗スイーツ店
Chè Xuân Trang
チェー・スアン・チャン

日中はそこまで混まないので狙いめ。

ダナンの人なら一度はここのスイーツを食べたことがある老舗スイーツ専門店。看板メニューは「チェー・ダウ・ドー（Chè đậu đỏ）」という日本人にもなじみやすい小豆のチェー。小豆と練乳とピーナッツ、クラッシュアイスが入っていて、ザクザク混ぜながら食べます。タイ風のチェー「チェー・タイ（Chè thài）」は、ドリアンの香りと甘さが地元の人にも人気です。また、緑花や花豆のチェー、プリンなどのほか、自家製ヨーグルトやシントー（Sinh Tố＝フルーツスムージー）もあります。この店のシントーはミキサーにかけず、ゴロゴロ入ったフルーツを自分でつぶしながら食べるのがポイント。平日の日中は比較的すいていますが、夕方以降の帰宅時間帯は混み合います。持ち帰りも可能。

右はチェー・ダウ・サン（緑豆のチェー）、左はチェー・ダウ・ドー（小豆のチェー）。いずれも15,000VND。

ハン橋から徒歩5分の赤い外観が目印。

地元ドリアン好きにおすすめのチェー・タイは20,000VND。

ハスの実、小豆、緑豆、ココナッツミルクを煮たものやピーナッツ、タピオカなどが並ぶ。

📍 31 Lê Duẩn, Hải Châu 1, Hải Châu, Đà Nẵng
📞 090 580 17 71
🕐 8:00〜22:00、無休
MAP 📍 P.9 B-2

ローカルスイーツ **Đà Nẵng**

懐かしい味のプリンがおすすめ
Chè Liên
チェー・リエン

パンダナスリーフとチーズのココナッツゼリー「ラウ・カウ・サム・ドゥア・フォー・マイ」20,000VND。

いちばん人気のチェー・タイ25,000VNDとベトナム式プリン12,000VND。

ダナン駅から徒歩5分ほどのところに位置するローカルスイーツ専門店。昼食後や夕方から夜にかけて、地元の人で混み合います。チェーは10種類あり、ココナッツゼリーや豆腐などが入ったものも。私のお気に入りのケム・フラン（Kem Flan）は、バイン・フラン（Bánh flan）とも呼ばれるベトナム式プリン。上にクラッシュアイス、ココナッツソース、カラメルソースをたっぷりかけていただくのがベトナムスタイルです。

駅近くのローカルエリアにあり、持ち帰りで買う人も多い。

📍 175 Hải Phòng, Tam Thuận, Thanh Khê, Đà Nẵng
📞 0989 595 274
🌐 chelien.com.vn　f cheliendanang
🕐 9:00～22:00、無休
MAP 📍 P.9 B-1

アボカド好き必食アイスクリーム
Kem Bơ Cô Vân
ケム・ボー・コー・ヴァン

ミーケビーチから歩いて15分ほどのところにある「ミーアン市場」内にあるお店。ここでのおすすめは「Kem Bơ（ケム・ボー）」ことアボカドアイス。まったりとしたペースト状のアボカドに、ココナッツアイスクリームとドライココナッツがトッピングされています。甘すぎず、暑い日のおやつにもぴったり。チェーやシントーもあります。

市場のなかにあるので、買いもののついでやおやつ休憩にも利用しやすい。

アボカドアイス、S:20,000VND・L:30,000VND。写真はSサイズ。個人的にはちょうどいい量。

📍 Chợ, Bắc Mỹ An, Ngũ Hành Sơn, Đà Nẵng
📞 090 578 91 07　f kembocovanbacmyan
🕐 7:00～18:30、無休　MAP 📍 P.11 A-2

Đà Nẵng　ローカルドリンク

仕事後や学校帰りの人でにぎわう
Trà sữa Money
チャ・スア・マネー

ごろっと黄桃がのったピーチティー（Trà đào tươi）30,000VNDは男女問わず人気。

ほうじ茶ミルクティー＋黒タピオカは35,000VND。

　地元で不動の人気を誇るタピオカミルクティーの店。イートインは店内で、持ち帰りは店先の持ち帰りコーナーで注文するのですが、色とりどりのゼリーやタピオカをスタッフがテキパキつくるのを見るのも楽しいです。タピオカのほかにフルーツゼリーやチーズゼリー、豆腐なども入った「ミルクティー全部のせ＝チャー・スア・ヌゥン・フル・タック（Trà sữa nướng full thạch）」は、見た目もかわいいので女性に人気があります。私のおすすめは「ほうじ茶ミルクティー＋黒タピオカトッピング＝チャー・スア・ヌゥン＋チャン・チャウ・デン（Trà sữa nướng+Trân châu đường đen）」。日本円で200円強ほどでタピオカミルクティーが楽しめます。

日中はゆったり過ごせるが、夜は混み合う。

📍 17 Nguyễn Du, Thạch Thang, Hải Châu, Đà Nẵng
📞 0906 553 563
🌐 https://www.facebook.com/trasuamoney2
🕐 9:00〜23:00、無休
MAP 📍 P.9 A-2

トッピングはフルーツのタピオカやゼリー、紅芋やカボチャの杏仁豆腐など。

カフェ **Đà Nẵng**

古民家を改装した、ノスタルジックな店内。

地元の老若男女に人気の古民家カフェ
NAM house Coffee
ナム・ハウス・コーヒー

エッグコーヒーのカフェ・チュン（Cà phê trứng）30,000VND。

📍 15/1, số 15 Lê Hồng Phong, võ hẻm, Hải Châu, Đà Nẵng
📞 036 686 5916
🌐 www.facebook.com/NAMhouseCoffee
ⓕ NAMhouseCoffee
📷 @nam_house_cafe
🕐 6:30〜23:00、無休
MAP 📍 P.9 B-2

ダナン市内の小道に面した古民家カフェ。入り口がこぢんまりしているので、一見狭そうに見えますが、店内はかなり広い！　中庭席や2階もあり、いつも地元ベトナム人で混み合っています。店内は50〜70年代のさまざまなもので装飾されており、メニューもそれぞれ盛りつけがかわいいです。私のおすすめはエッグコーヒー。もったりした卵とコンデンスミルクの甘いクリームにベトナムコーヒーがよく合い、飲みものというよりスイーツ感覚でいただけます。基本的にあたたかい状態で出てくるので、雨季の寒い季節にはとくにぴったりです。乾季の水分補給にはすっきりした甘さで、美容にも良いとされている乾燥ドラコントメロン（Sau ngâm）のお茶もおすすめ。看板猫が3匹いて、相席になることも。

左・緑に囲まれた外観もかわいらしい。／右・看板猫はみんなおだやかな性格で、子どもにも人気。写真はマイ（May）ちゃん。

Đà Nẵng カフェ

ダナン市内を一望できるカフェ＆バー
The Top Bar
ザ・トップ・バー（ア・ラカルト・ホテル内）

屋上インフィニティプールから見えるミーケ・ビーチ。

果肉まで楽しめる、ベトナム人にも人気の
ココナッツジュース70,000VND。

　ホテルの最上階にあり、ダナン市内やインフィニティプール越しのミーケ・ビーチを眺めながら、のんびりできるとっておきの場所。18時以降はバータイムになります。コーヒーやフレッシュジュースのほか、軽食やスイーツもいただけ、なかでもおすすめなのが液体窒素を使ったアイスクリーム。かわいい石の器に入っており、甘さもちょうど良く、見た目も味も◎。とくにナッツとホワイトチョコ、レーズンがゴロゴロ入ったラムレーズンアイスクリームが私のお気に入りです。

📍 200 Võ Nguyên Giáp, Phước Mỹ, Sơn Trà, Đà Nẵng
　（A La Carte Hotel）
📞 0236 3959 555
🌐 https://www.alacartedanangbeach.com/en/restaurant-60/the-top-bar
📘 alacartedanangbeach 📷 @alacartedanangbeach
🕐 6:00〜翌1:00、無休　MAP 📍P.10 B-2

天気のいい日は屋外席もおすすめ。

食べ応えのある「ラム・ウィズ・イエロー＆ブラックレーズン」
285,000VND。

カフェ **Đà Nẵng**

古い音楽を聴きながらリラックス
Nối Cafe
ノイ・カフェ

2階建ての一軒家はレコードや絵画などで埋め尽くされている。

カフェ好きのベトナム人の友達に教えてもらったカフェ。小道の奥にあり、車だと途中までしか入れない隠れ家のような場所にあります。店内はアンティーク小物や古いレコード、外の壁にはバイクタクシーのアートがあり、どこもフォトジェニック。音楽も古いベトナムのものを流しており、ゆったりした雰囲気でベトナムの若者に人気があります。おすすめはカフェ・ドゥア（Cà phê dừa）。ほどよい甘さのココナッツシャーベットをゆっくり溶かしながらいただくココナッツコーヒーです。おせんべいやクッキーなどのベトナムのお菓子（Bánh Kẹo）を10円以下から食べられるのも楽しい！　通常はスーパーで大袋で売っているものなので、おみやげの試食がてら挑戦してみてもいいかもしれません。

2階は古いレコードがたくさん並んでおり、音楽好きに人気のスペース。

- 📍 Số 113/18, đường Nguyễn Chí Thanh, phường Hải Châu 1, quận Hải Châu, Đà Nẵng
- 📞 093 580 45 37
- 🌐 www.facebook.com/NoiCafeDaNang
- f NoiCafeDaNang
- 📷 @noicafedanang
- 🕐 6:30～22:00、無休
- MAP 📍 P.9 A-2

上・ランタンと観葉植物が素敵な外観。／左・カフェ・ドゥア35,000VND。

| Đà Nẵng | カフェ |

レトロなカフェでアボカドデザートを
Trình Cà Phê
チン・カフェ

古民家風のドリンクカウンターはベトナムの国旗や星形の電球などで装飾されていてかわいい。

屋内の席は家具から装飾までアンティークで揃えられていて、外の席とはまた違った雰囲気を楽しめる。

ダナン市内に4店舗展開するカフェ。レトロな雰囲気が特徴で、私のお気に入りは大通りから奥まった場所にある1号店です。アンティークで揃えられた店内は写真映えも◎。人気メニューはアボカドコーヒー（Cà phê bơ）39,000VND。アボカドスムージーに練乳とブラックコーヒー、上にはココナッツチップがのっていて、デザート感覚でいただけます。そのほかアボカドスムージー単体やアボカドのアイスなど、アボカドメニューが大充実！アボカド好きさんにはぜひおすすめしたいカフェです。朝や夕方は時に混みあっていますが、ベトナムならではのカフェの雰囲気を味わうならこの時間帯がいいかもしれません。ゆっくりしたい場合は日中がおすすめです。

- 📍 22 Lê Đình Dương, Phước Ninh, Hải Châu, Đà Nẵng
- 📞 0932 453 811
- f trinhcaphedn
- ◎ @trinhcaphe
- 🕐 6:30〜22:30、無休
- MAP 📍 P.9 B-2

手前はアボカドコーヒー、奥はアイス。個人的にはアボカドコーヒーはのどが乾くので（笑）アイスかスムージーがお気に入り。

カフェ **Đà Nẵng**

南北統一前のベトナムを感じられる
Cộng Cà Phê
コン・カフェ

木製の家具、床や壁、照明などレトロなインテリアで古き良きハノイをイメージした内装。

ベトナム全土や海外にも展開している人気カフェチェーン。ダナンでは3店舗展開しており、地元の人にも観光客にも人気です。南北統一以前のベトナムをコンセプトにしたカフェで、1980年代をイメージしたレトロな内装や軍服モチーフのスタッフユニフォームが特徴。飲みものだけでなく、カフェのオリジナルグッズも販売されています。

上・ベトコン風ユニフォームのスタッフ。／右・各種コーヒーは29,000VND～。写真のライムジュースは39,000VND。

📍 39-41 Nguyễn Thái Học, Hải Châu, Đà Nẵng
📞 0911 866 492　🌐 congcaphe.com
f CongCaphe　📷 @CongCaphe
🕗 7:00～23:00、無休　MAP 📍 P.9 B-2
◎ダナン市内にもう2店舗あり(MAP📍 P.9 B-1, B-2)

緑に囲まれたカフェで朝活を
IKIGAI.garden.cafe
イキガイ・ガーデン・カフェ

緑に囲まれたさまざまな空間があるカフェ。レトロで落ち着いた雰囲気が地元の若者に人気で、特に朝の時間帯はにぎわっています。席数も多く、室内はエアコンも完備されているので、ノマドワークにもぴったり。ココナッツコーヒーや塩コーヒー、チーズコーヒーなどベトナムの変わり種コーヒーからフルーツを使ったお茶まで楽しむことができます。

📍 60 Nguyễn Chí Thanh, Hải Châu 1, Hải Châu, Đà Nẵng
📞 0762 076 421
f ikigai.garden.cafe　📷 @ikigai.garden.cafe
🕗 7:30～22:30、無休
MAP 📍 P.9 A-2　◎ダナン市内に全7店舗

古民家風の造りが特徴。室内で涼みながら過ごすもよし、緑の木陰でドリンクを楽しむもよし。

上・先に注文と支払いを入り口すぐのレジで行い、好きな席を利用できるシステム。／右・コーヒーは27,000～41,000VND。

Đà Nẵng カフェ

安定のクオリティのカフェチェーン
Highlands Coffee
ハイランズ・コーヒー

ベトナム全土にあり、ダナン市内だけでも40店舗を展開しているコーヒーチェーン。ベトナムコーヒーからアメリカンやラテ、FREEZEと呼ばれるゼリーとクリームの入った飲みもの、ケーキまで楽しめます。空港内にもあるので、帰国前にベトナムコーヒーの飲み納めもできます。小腹が減った時には、おやつ感覚のバインミー・クエー（Bánh Mì Que）をどうぞ。

📍 186 Bạch Đằng, Phước Ninh, Hải Châu, Đà Nẵng
📞 0236 3522 225
🌐 www.highlandscoffee.com.vn
f highlandscoffeevietnam
@ @highlandscoffeevietnam
🕐 7:00～22:00、無休　MAP 📍P.9 B-2

細長いフランスパンにレバーパテなどを挟んだバインミー・クエーはベトナム北部ハイフォン生まれ。

左・レジで注文し、受け取ったゲストレシーバーが鳴ったら取りに行くシステム。／右・店内ではオリジナルグッズやコーヒーも販売している。

ベトナム人に愛される老舗紅茶店
Phuc Long Coffee& Tea
フック・ロン・コーヒー・アンド・ティー

1968年創業の老舗コーヒー＆紅茶専門店。とくに紅茶のメニューが人気です。ほかの店の紅茶はどこか薄いと感じることが多いのですが、フックロンの紅茶は注文を受けてからゆっくり淹れているので濃いのが特徴です。地元の人にはピーチティーやライチティーが人気ですが、私のおすすめはミルクティー。茶葉も販売しており、自宅用やおみやげにもぴったり。

📍 61 Nguyễn Văn Linh, Bình Hiên, Hải Châu, Đà Nẵng
📞 0236 3750 000
🌐 www.phuclong.com.vn
f phuclongcoffeeandtea
@ @phuclongcoffeeandtea
🕐 7:00～22:30、無休　MAP 📍P.9 C-3
◎ロッテ・マート(P.41)の2階ほかダナン市内に全4店舗

店内は落ち着いた雰囲気でゆっくりできる。

日本の友人にも好評のハス茶は1箱(25包入り) 38,000VND。

甘さと紅茶の香りがたまらない、フックロン・ティーラテ45,000VND。

ダナンで優雅なアフタヌーンティー

ダナンの旅でおすすめしたいのがアフタヌーンティー。さまざまなホテルがアフタヌーンティーを行っていますが、ここではダナンならではの雰囲気を味わえる、ラグジュアリーなアフタヌーンティーからお手頃価格でリゾート感を楽しめるお店までご紹介します。

空中テーブルで特別な体験を
Citron シトロン
（インターコンチネンタル・サン・ペニンシュラ・ダナン内）

左・1人1,299,000VND（ノンラーテーブルは1,799,000VND）別途15％の消費税、サービス料。／上・空中テーブルは非日常感満載。

ダナンのアフタヌーンティーと言えば、必ず出てくるのがこちら。ノンラー（ベトナムの三角帽子）を逆さにしたようなデザインのテーブルからは南シナ海を一望することができます。宿泊者以外でも事前予約で利用ができ、ちょっと料金はお高めですが、喧騒から離れてゆったりリゾートを満喫できます。雨季は静かな雰囲気を楽しめますが、山のなかで肌寒いので羽織るものがあると安心です。

📍 Bãi Bắc, Quận Sơn Trà, Đà Nẵng (P.90)　📞 0236 393 8888
🌐 https://www.danang.intercontinental.com/ja/citron-afternoon-tea
📘 InterContinentalDanang　📷 @intercontinentaldanang
🕐 14:30〜16:30、無休　MAP P.8 A-2

81

Đà Nẵng アフタヌーンティー

高級感のある開放的なラウンジ

ボリュームたっぷりで1人888,000VND
（別途15％の消費税、サービス料）。

Tea Lounge
ティー・ラウンジ
（シェラトン・グランド・ダナン・リゾート内）

ラウンジの大きな窓からはインフィニティプールとビーチが望めます。3段プレートにはマカロンやタルト、ミニハンバーガーやカナッペ、そのほかにスコーンが2種類。塩味強めのスナックが多くガッツリとした内容なので、遅めのランチにもおすすめです。セットの飲みものはお茶など各種お代わり自由。宿泊者以外でも、予約すれば利用できます。

大きなシャンデリアと開放感のあるラウンジ。

- 📍 35 Trường Sa, Street, Ngũ Hành Sơn, Đà Nẵng
- 📞 0236 3988 999
- 🌐 myclubmarriott.com/en/restaurant-bars/tea-lounge-sheraton-grand-danang-resort
- f sheratongranddanang
- ◉ @sheratongranddanang
- 🕐 13:00~17:00、無休
- MAP 📍 P.8 B-2

左・ラウンジからはダナン最長のインフィニティプールが眺められる。／右・フレッシュジュースは68,000VND〜。

アフタヌーンティー **Đà Nẵng**

ウッドテイストでリゾート気分満喫
Hai Van Lounge
ハイ・ヴァン・ラウンジ（フラマ・リゾート・ダナン内）

レセプションから続くインフィニティプールは写真スポットとしても人気。

天井が高く、ウッドテイストで南国リゾート感のあるラウンジ。老舗5ツ星ホテルですが、アフタヌーンティーは比較的お手頃価格です。ビュッフェスタイルでサンドイッチやケーキ、タルトなど全25種類ほどが用意されています。宿泊者以外は予約が必要なので、WEBサイトやFacebookから予約してから訪れて。

上・ラウンジのなかは広々している。人気のソファ席は早いもの勝ち！／左・アフタヌーンティービュッフェ、1人450,000VND（消費税、サービス料別途15%）。

- 📍 105 Võ Nguyên Giáp, Khuê Mỹ, Ngũ Hành Sơn, Đà Nẵng (Furama Resort Danang)
- 📞 0236 3847 333
- 🌐 furamavietnam.com/ja/culinary/hai-van-lounge
- f furamaresort
- @furama_resort_and_villas
- 🕐 14:30～17:00、無休
- MAP 📍 P.11 A-2

人気エリアでお手頃ティータイム
LoBoo café
ローブー・カフェ（アバターホテル内）

観光客に人気のアントゥンエリアにあるホテルの1階のカフェです。アフタヌーンティーセットは10時から20時まで注文可能。お手頃価格で朝から夜まで楽しめるのがうれしいです。宿泊者でなくても予約すれば利用できるので、ちょっと休憩したい時にもおすすめです（予約は2名から）。開放的なつくりの店内でゆったり過ごすことができます。

上・アフタヌーンティーセットは1人120,000VND、2名から予約可能。／左・人気エリアにあるので散策前後に利用しやすい。料金が手頃なのも魅力。

- 📍 02 An Thượng 2, Bắc Mỹ Phú, Ngũ Hành Sơn, Đà Nẵng (Avatar Danang Hotel)
- 📞 0236 3939 888 🌐 avatardanang.vn
- f AvatarDananghotel @avatardanang
- 🕐 10:00～20:00、無休
- MAP 📍 P.10 C-2

雨季・乾季別

ベトナムのフルーツ

ベトナムはフルーツ大国。
乾季も雨季も、市場やスーパー、路上でも
よくフルーツが売られています。
通年買えるものもありますが、ここではとくにおいしい季節をご紹介！
旅行中ならスーパーやミニマートのフルーツコーナーへ。
ほどよい大きさにカットされたフルーツが
パッキングされているので便利ですよ。

ランブータン
Chôm chôm
チョム・チョム

モサモサの毛のような皮は指やナイフで切り目を入れるとスルッとむける。乳白色の実はもっちりやわらかく食べやすい。なかに大きな種がある。食べ過ぎるとニキビができるよ！と言うベトナム人も。1kg/30,000VND〜

乾季のフルーツ　3〜8月

マンゴー
Xoài
ソアイ

ベトナムでは3種類あり、甘く熟しているのは「ソアイ・チン（Xoài chính）」。ほか2種類はそのまま食べると硬く、酸味がある。エビと唐辛子入りの塩をつけて食べるのがローカル式。1kg/40,000VND〜

ドラゴンフルーツ
Thanh long
タイン・ロン

赤と白の果肉のものがあり、すっきりした酸味。そのまま食べても、ヨーグルトをかけたり、サラダの具材にしたり、スムージーにしたりしても。種ごと食べられる。1kg/15,000VND〜

ロンガン
Nhãn
ニャン

ランブータンよりもみずみずしくて、味もさっぱり。ランブータンと同じく、食べ過ぎるとニキビできるよ！と言われる。1kg/45,000VND〜

プラム
Mận (Mận Hà Nội)
マン

少し酸っぱく、シャクシャクした食感。地元の人はマンゴー同様エビと唐辛子の塩をつけたり、ジャムにして食べる人が多い。シワが多いものが甘い。1kg/30,000VND〜

ドリアン
Sầu riêng
サウ・リエン

匂いがとにかく独特。ホテルによっては室内の持ち込みが禁止されているところもある。味はまったりと甘い。1kg/20,000VND〜

バンレイシ
Măng cầu
マン・カウ

やわらかい皮を剥くとクリームのような実が入っておりスプーンですくって食べる。味は甘酸っぱい。小さな種は食べない。1kg/60,000VND〜

雨季のフルーツ 9〜2月

ザボン
Bưởi
ブォイ

便秘の人におすすめ。食感はグレープフルーツ、味は伊予柑に近い。ベトナムで私がいちばん好きなフルーツ。皮はむくのが大変なので、市場で買う場合はむいてもらおう。1kg/15,000VND〜

タインチャ
Thanh Trà
タイン・チャ

グレープフルーツに似た、甘くてすっきりした柑橘系。皮は硬めなので、よく切れるナイフが必要。1kg/15,000VND〜

マンゴスチン
Măng cụt
マン・カッ

フルーツの女王と呼ばれるだけあって、味も香りもフルーティ。皮をむくときに手指に色素がつきやすいので注意。1kg/20,000VND〜

クイッ
Quýt
クイッ

小さくてかわいいみかん。日本のみかんに似ているが、甘さ控えめで酸っぱい。1kg/20,000VND〜

ジャックフルーツ
Mít
ミット

見た目と匂いはドリアンに似ているが、実は黄色い小さい塊。そのまま食べられるが歯応えは硬め。ドライチップスのほうが食べやすい。1kg/15,000VND〜

タマリンド
Me
メー

そのまま食べると干し柿のような、梅干しのような懐かしい味。料理やジュースにもよく使われる。1kg/60,000VND〜

ダナンの選りすぐりスパ7選

　スパ大国のベトナム。街中にも海沿いにも、いたるところにスパがあります。日本ではちょっとお高いイメージのあるスパですが、ベトナムには毎日でも通えるお手頃なプチプラのローカルスパから、贅沢を満喫できるホテルスパまであります。お店の数も多く、施術レベルもピンからキリまで。どこに行けばいいのか、悩む人も多いはず。ここでは私のご褒美スパと普段通いできるスパをご紹介します。

⚠ 持病やケガのある方、満腹時や飲酒後のマッサージは身体の負担になる場合もあるのでご注意ください

スパ **Đà Nẵng**

1

5ツ星ホテルでゆったりご褒美タイム

Karma Spa

カルマ・スパ

（グランドメルキュール・ダナン内）

上・施術後はサーブされるお茶でゆったり。／左・シックで落ち着く施術ルーム。3、4時間のパッケージでは肌質や悩みなどに合わせてメニューを組み合わせられる。施術前のアンケートでセラピストに相談も。

ハン川の中州にそびえる5ツ星ホテル内にある豪華なスパ。宿泊者以外でも予約すれば利用することができます。スパとジムだけの静かな4Fフロアにあり、広々とした完全個室での施術となります。カッピングや指圧などを組み合わせたベトナム式のマッサージが人気ですが、私のおすすめは90分のアロママッサージ。ていねいな施術と身体にも心にも良さそうなアロマオイルの香り、心地よい音楽で爆睡してしまうこと必至。時間に余裕があれば3、4時間の豪華パッケージメニューもおすすめです。日頃の疲れを癒す最高のご褒美スパになること間違いなしです。ロッカールーム奥にあるサウナやジャグジー、シャワーは施術前後に使えるので、帰国前に利用するのもいいかもしれません。

混雑状況や人数にもよるが、パッケージプランはバスつき個室で施術してもらえる。

ホテル内のエレベーターを4階で降り、左手に進むとスパレセプションがある。

- 📍 4F, Zone Of The Villas Of Green Island, Lot A1, Hải Châu, Đà Nẵng
- 📞 0236 3797 777
- 🌐 grandmercuredanang.com/spa-wellness/karma-spa/
- f GrandMercureDanang
- 📷 @grandmercure.danang
- 🕐 10:00〜22:00、無休
- ▶ おすすめメニュー：アロママッサージ（90分）1,150,000VND、（180分）2,350,000VND〜（いずれも消費税、サービス税別）

MAP 📍 P.11 A-1

2 ゴージャス仕様の老舗ローカルスパ
Queen Spa
クイーン・スパ

ドラゴン橋の南側から歩いて約10分、ファン・クー・ルォン通りのローカル街にある。

カイロやドバイなどアラブの都市や東南アジアをテーマにした施術室が特徴。4名まで入れるファミリールームもある。

予約してから訪れるとシャワーの利用が無料に。

📍 144 Phạm Cự Lượng, An Hải Bắc, Sơn Trà, Đà Nẵng
📞 0932 429 429　🌐 queenspadanang.vn/
f QueenSpaDaNang　📷 @queenspa_danang
🕘 9:30〜21:30、無休
▶ おすすめメニュー：
キャンドルマッサージ（60分）490,000VND、
バンブーマッサージ（90分）750,000VND
MAP 📍 P.10 B-1

　私がダナンに移住した10年ほど前からある老舗スパ。ダナンで初めてバンブーマッサージとキャンドルマッサージを取り入れたスパでもあります。当時はベトナム人向けでしたが、現在は在住外国人や観光客にも人気です。マッサージで使用されるオイルはホホバオイルやライスオイルなど、ナチュラル製品を使用しています。ローカルスパのセラピストは英語があまり通じないことが多いのですが、こちらのスパのではハンドサインを使って、強く、弱く、などの希望を指示できるのがうれしいポイント。ここのスパのイチオシはキャンドルマッサージ。キャンドルのやさしい香りに包まれ、とてもリラックスできます。施術後にはデザートやお茶のサービスのほか、ペットボトルのミネラルウォーターも提供されます。

施術は厳選された天然由来のトリートメントオイルや道具を使用。

スパ **Đà Nẵng**

3 Golden Lotus Oriental Organic Spa

ローカルに愛されるホーチミンの老舗

ゴールデン・ロータス・オリエンタル・オーガニック・スパ

　ホーチミンで人気の老舗スパ「ゴールデン・ロータス・スパ」の支店で、施術に使用するオイルはすべて自社オーガニック製品。綺麗な鍵つきロッカールームにシャワーも完備で、汗をかいた後や海あがりにも利用しやすいです。施術はリラックスというよりはガッツリめ。はじめは「強いな」と思うのですが、だんだん痛気持ち良くなってくるので、いつもマッサージ中はウトウト……。その後施術の仕上げに行われるアクロバティックなストレッチでバッチリ目が覚めます。身体をけっこうひねったりするので怪我や持病がある人は事前の施術前アンケートに記入しておきましょう。施術後のヒーリングルームもゆったりできるつくりで、フルーツとお茶をいただきながらのんびり過ごせます。

全施術メニューにフットバスがついており、スクラブを使って綺麗にしてもらえる。

マッサージルームはフット専用から布団型、ベッド型の3種類ある。

外観や内装はチャンパ時代をイメージした造り。

マッサージオイルはラベンダー、ローズマリー、ペパーミント、オーシャンブリーズの4種類から選べる。

📍 209 Trần Phú, Phước Ninh, Hải Châu, Đà Nẵng
📞 0236 3878 889　🌐 gloospa.com　🕘 9:00～22:00、無休
🍽 おすすめメニュー：アロマテラピー・オイルマッサージ（60分）390,000VND（チップ別）
MAP 📍 P.9 B-2　◎ダナン市内に2店舗あり

4 人気エリアのお手頃スパ
Silk Spa
シルク・スパ

観光に人気のエリア、アン・トゥオンにあるスパ。メニューがシンプルで料金が明確&お手頃。コスパ重視の人におすすめです。マッサージに使用するオイルは季節ごとに変わる3種類から選べます。フットバスで足をあたためながら肩や背中のマッサージでいい感じに圧をかけてくれるので、普段肩凝りや背中の痛みで悩まれている人におすすめです。

上・インスタ映えスポットとしても人気の店先のランタン。/
右・施術室は完全個室。ロッカーはないが、施術中、荷物は自分のベッドの下に入れる。

📍 32 An Thượng 4, Bắc Mỹ Phú, Ngũ Hành Sơn, Đà Nẵng　📞 0869 970 567
🌐 www.facebook.com/silkspadanang　📷 @silkspadanang
🕐 10:00〜22:30、無休
▶ おすすめメニュー：アロマ・マッサージ（60分）250,000VND（チップ込み）
MAP 📍 P.10 C-2

日本食店やカフェが並ぶグエン・チー・タン通りにある。

5 カッサのヘッドスパが痛気持ちいい
Beauty Atelier J-First Da Nang
ビューティー・アトリエ・ジェイファースト・ダナン

こちらはスパではなく日系のヘアサロンですが、なんといってもヘッドスパがおすすめなのです！ カッサを使ったドライスパで、日本でスパ資格を取得したスタッフが施術します。髪を濡らさずに頭皮をもみほぐし、血行を良くすることで、凝りや睡眠の改善、アンチエイジングにも効果があるといわれています。ヘッドスパは要予約。

上&右・明るく清潔感ある店内。個人的にヘッドスパをすると顔がスッキリして全体的にリフトアップされるように感じる。旅行中にも帰国前にもおすすめ。

📍 24 Nguyễn Chí Thanh, Thạch Thang, Hải Châu, Đà Nẵng
📞 0236 7109 844　🌐 badanangj.wixsite.com/danang
📘 badanang　📷 @beauty_atelier_j_first_danang
🕐 10:00〜19:00、月曜休
▶ おすすめメニュー：ヘッドスパ700,000VND（要予約）、
　ヘアカット400,000VND〜、シャンプー&ドライ200,000VND
MAP 📍 P.9 A-2

スパ **Đà Nẵng**

人気韓国コスメを使用したスパ
Herbal Spa
ハーバル・スパ

「リトル・プサン」エリアにあるスパ。韓国人観光客にとくに人気があり、徒歩数分圏内に3店舗展開しています。人気の秘密は韓国の人気コスメブランド「The Face Shop」と共同開発のオイル。ローカルスパのなかではとりわけ安いわけではないですが、オイルの良質さと施術師のスキルに偏りがないのがポイントです。混み合うので予約がおすすめ。

上・どのスパレセプションでも予約確認可能。空き状況により他店舗へ移動する場合も。/右・施術室はベトナムの風景画が特徴的。

📍 Herbal Spa, 102 Dương Đình Nghệ, Quận Sơn Trà, Đà Nẵng (Branch 1)
📞 0236 399 6796 🌐 herbalspa.vn
📘 herbalspadanang 📷 @herbalspa.danang
🕐 8:30～22:30、無休
▶ おすすめメニュー：ハーバル・シグネチャー・マッサージ (60分) 550,000VND (チップ込み)
MAP 📍 P.10 B-1 ◎ダナン市内近所に3店舗あり (写真はBranch 1)

緑に囲まれた隠れ家でリラックス
SEN Boutique Spa
セン・ブティック・スパ

静かで落ち着いた施術室。

うっかり通り過ぎてしまいそうな、緑に囲まれた隠れ家的なスパ。小さな入り口を進むとプールつきのかわいいレセプションがあります。基本的には英語での対応となりますが、部屋は清潔感のあるウッドテイストで、施術はガッツリというよりリラックス向きです。私は毎回寝てしまうので、うつ伏せから仰向けに変わる時と、施術後にセラピストさんに起こされた時に気がつきます。

上・緑に囲まれたレセプション。お茶をいただきながら事前アンケート (日本語) を記入。/左・入り口が小さいので、見逃さないように注意。

📍 70 Lê Quang Đạo, Bắc Mỹ Phú, Ngũ Hành Sơn, Đà Nẵng
📞 0236 3967 868 🌐 senboutiquespa.com
📘 SenBoutiqueSpa 📷 @sen.boutique.spa
🕐 9:00～22:00、無休
▶ おすすめメニュー：セン・ブティック・シグネチャー (60分) 480,000VND (チップ別50,000VND～、会計時自動加算)
MAP 📍 P.10 C-2

ベトナムらしさ◎
"バッチャンネイル"

バッチャンネイル(アート2本、オフ込み)350,000VND〜。

　ダナンやホイアンにもネイルサロンはたくさんあり、日本よりも少し安くジェルネイルなどができるので、滞在中に行く人も多いです。ロルズ・ネイル・イン・ダナンには、見本がたくさんあり指差し注文も可能。ネットから見本の写真を提示して、ベースカラーや柄など自分だけのデザインをしてもOKです。その場で見積もりも出してくれます。ネイリストのクオリティも高く、ていねいにベースのケアから仕上げまで施術してくれます。私のおすすめはバッチャン焼きの絵柄をネイルアートとして描いてもらう「バッチャンネイル」。アジアンテイストのかわいい絵柄は、ハンドにもフットにもひと味違った魅力があります。複雑なデザインやオフを含むと少し時間はかかりますが、旅の思い出にいかがでしょうか?

ネイルだけでなくシャンプーなどのサービスもあり。

手先が器用なベトナム人ネイリスト。

タイミングがよければ看板猫カンちゃんにも会える。

lol's nail in Danang
ロルズ・ネイル・イン・ダナン

📍 15/1, số 15 Lê Hồng Phong, vô hẻm, Hải Châu, Đà Nẵng
📞 090 656 61 23　f lolsnailsindanang　@lols.nail_in_danang
🕒 8:00〜20:00、無休
📋 おすすめメニュー：ジェルネイル1色180,000VND〜
日本語対応スタッフ☺
MAP 📍 P.10 C-2

Photo: Sanga Park/Dreamstime.com

ダナンのホテルの選び方

ダナンには高級リゾートから、リーズナブルなホテルまで、1,000軒以上のホテルがあります。目的と予算に合わせて、とっておきのホテルを選びましょう。

シティサイドのホテルはカフェや買いものなど観光向き、ビーチサイドのホテルはアクティビティや施設が充実してることが特徴です。タイプはコンドミニアム型、B&B、ユースホステル型など。同じ星の数のホテルでも海沿いの方が料金は高めです。

なお、ベトナムはインフラがまだ整っていないところも多く、停電が起こることがしばしばあるので、3ツ星以上のジェネレーター完備のホテルが安心です。3ツ星以上のホテルは、デポジット（備品を壊したり、部屋を汚したりしなければ基本的に戻ってくる）がかかるところがほとんどなので、チェックイン時に現金またはクレジットカードでの支払いが必要です。

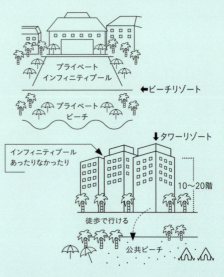

ダナン・ホイアンの主なホテルと施設

Đà Nẵng ダナン

エリア	タイプ	ホテル名	評価
ソンチャー半島		インターコンチネンタル ➡P.96	★★★★★
ビーチサイド	タワーリゾート	ダナン・ゴールデン・ベイ	★★★★★
		シックランド ➡P.98	★★★★☆
		アバター・ダナン	★★★★☆
		サラ・ダナン・ビーチホテル	★★★★☆
		ア・ラ・カルト・ホテル	★★★★☆
	エコノミーホテル	タム・ハウス ➡P.99	★★★☆☆
		エコ・グリーン ➡P.100	★★★☆☆
	ビーチリゾート	プルマン・ダナン・ビーチ・リゾート	★★★★★
		TIA Wellness Resort	★★★★★
		ハイアット・リージェンシー	★★★★★
		フラマ・リゾート	★★★★★
		シェラトン ➡P.97	★★★★★
		グランヴィリオ・オーシャン・リゾート	★★★★★
		The Blossom Resort Island ➡P.100	★★★★★
シティサイド		ノボテル	★★★★★
		グランド・メルキュール・ダナン	★★★★★
		ヒルトン・ダナン	★★★★★
		グランヴィリオ・シティ・ダナン	★★★★☆

Hội An ホイアン

エリア	ホテル名	評価
ビーチサイド	フォーシーズンズ・ナム・ハイ ➡P.136	★★★★★
シティサイド	ロイヤル・ホイアン・Mギャラリー ➡P.137	★★★★★
郊外	ラセンタ ➡P.138	★★★★☆

ホテルを選ぶ際にチェックすべきこと

- ◎**水圧**：シャワーなどの水圧が弱いところも多いので、口コミサイトなどでチェック。4ツ星以下では弱かったり、なかなかあたたかくならないこともあります。万が一弱い場合は、ほかの人が使う時間を避けて使うなどの工夫を。
- ◎**バスタブ**：ホテルや部屋のカテゴリーによってはシャワーのみも多いです。バスタブつきを希望する場合は要チェック。
- ◎**騒音**：ダナンやホイアンは現在建設ラッシュなので眠る時に騒音が気になる方は旅行会社やホテルに事前に確認を。低層階や建設現場側など、建物のなかでも違いがあります。心配な人は耳栓を持参しましょう。
- ◎**ヤモリ**：グレードの高いホテルでもヤモリがよく出ます。ヤモリはベトナムでは家の守り神的な存在で、害虫を食べてくれるので、ホテル側も敢えて殺したりしません。どうしても落ち着かない場合はホテルスタッフに頼んで捕獲してもらいましょう。
- ◎**蚊**：とくに雨季は蚊がホテルの客室に入ってくることもあるので、虫除けを持っていると安心。

プライベートビーチを持つホテルも多い。

ホテルは宿泊だけでなく、スパやアフタヌーンティー、ルーフトップバーだけの利用もアリ！
気になるプライベートビーチやプールもチェック！
本書の紹介ホテルとそのほかの主なホテルの施設をまとめました。

※ホテル名は略称です

スパ / アフタヌーンティー / ルーフトップバー	プライベートビーチ / プール
Mi-Sol-Spa[シーレベル] / シトロン[ヘブンレベル]→P.81 / ──	〇 / 屋外
ゴールデン・スパ[2階] / シュガー・ラウンジ[1階] / ゴールデン・プール・バー[29階]	── / インフィニティ
ザ・スパ[20階] / ── / シックランド・ラウンジ[22階]	★近くに公共ビーチあり ★ / インフィニティ
ヴィ・スパ[2階] / ローブー・カフェ[1階]→P.83 / トップ・バー[18階]	── / 屋外
サラ・スパ[23階] / ── / ──	── / インフィニティ
スパイス・スパ[23階] / ── / ザ・トップ・バー[24階]→P.76	★ / インフィニティ
── / ── / ──	── / 屋外
── / ── / ──	── / 屋内
ナン・スパ[1階] / インフィニティ・バー[1階] / ──	〇 / インフィニティ
マイア・スパ ※宿泊客のみ / 好きな場所で ※ビーチ・プールサイド・宿泊者であればヴィラ内も / ──	〇 / インフィニティ
ヴィー・スパ[1階] / ── / ──	〇 / インフィニティ
フラマ・スパ[1階] / ハイ・ヴァン・ラウンジ[1階]→P.83 / ──	〇 / インフィニティ(☆)
シャイン・スパ・フォー・シェラトン[3階] / ティー・ラウンジ[2階]→P.82 / ──	〇 / インフィニティ(☆)
ゼン・スパ[1階] / ビーチサイド・カフェ&バー[1階] / ──	〇 / インフィニティ(☆)
シャングリラ・スパ[1階] / ── / ──	── / ── ☆ビジター利用プランあり
イン・バランス・スパ[6階] / ザ・バルコニー[4階] / スカイ36[36階]	── / 屋外
カルマ・スパ[4階] / ── / ──	── / 屋外
── / カフェ・ヴィエット[1階] / ザ・セイル[28階]	── / 屋外
ゼン・スパ[1階] / ── / ──	── / 屋外

スパ / アフタヌーンティー / ルーフトップバー	プライベートビーチ / プール
ザ・ハート・オブ・ジ・アース・スパ[1階] / ザ・バー[1階] / ──	〇 / インフィニティ
ウーシャ・スパ[1階] / クラブラウンジ ※宿泊客のみ / ザ・デッキ[8階]	── / 屋上
ラセンタ・スパ[1階] / ロビー ※宿泊客のみ / ──	── / 屋外

Đà Nẵng ホテル

大自然を満喫できる豪華リゾート
InterContinental Danang Sun Peninsula Resort
インターコンチネンタル・ダナン・サン・ペニンシュラ・リゾート

南シナ海が一望できるレセプション。設計はトロピカル建築の奇才と言われるビル・ベンスリー。

　ダナン国際空港から車で約30分の、緑豊かで静かなソンチャー半島にある広大なリゾート。高低差100mの斜面にある部屋は最上階からヘブン、スカイ、アース、シーの4つのレベル（階）に分けられており、全室がオーシャンビュー。フロントからビーチまではケーブルカーで移動します。リゾート内の宿泊者用アクティビティも豊富で、ヨガクラスや海釣り体験などもあります。また、ホテル内にはミシュラン3ツ星獲得シェフ監修の一軒家フレンチ「La Maison 1888」などレストラン3軒、バーとスパもあり、ゆっくりと極上のリゾートステイを楽しめます。とくにレストラン「シトロン」のアフタヌーンティー（P.81）は女子旅にも人気。日中部屋のバルコニーや敷地内に山から猿が遊びに来ることもあります。なお、ダナン市街（約30分）と、ホイアン（約1時間）へ1日2便ずつ無料シャトルバスの運行あり（出発2時間前までに要予約）。

白と黒を基調とした部屋。バスルームも広く、全室洗面台2台にバスタブがついている。

📍 Bãi Bắc, Quận Sơn Trà, Đà Nẵng
📞 0236 393 8888
🌐 www.danang.intercontinental.com
📘 InterContinentalDanang
📷 @intercontinentaldanang
🛏 リゾート・クラシック・ルーム 13,500,000VND〜（消費税・サービス料別、朝食込み）／全197室
MAP 📍 P.8 A-2

左・東京ドーム8個ほどの敷地内の移動はバギーかケーブルカー。徒歩での散策もおすすめ。／右・シーレベルの「ロングバー」裏にシャワールームもあり、ビーチからそのままソファに寝転んでもOK。

ホテル **Đà Nẵng**

迫力のあるインフィニティプール
Sheraton Grand Danang Resort
シェラトン・グランド・ダナン・リゾート

リゾート内の移動はカートで。

左・プールビューの部屋からの景色。／右・白でまとめられた部屋は明るく、高級感がある。／下・宿泊客のみしか入れないノンヌォック・ビーチ。

　豪華で大きなロビーと敷地、ティーラウンジからノンヌォック・ビーチに向かって250mのインフィニティプールが迫力満点のリゾート。プール沿いやプライベートビーチにはさまざまなタイプの椅子やソファがあり、海辺でくつろぐのに最適です。ロビーと宿泊棟は離れているので、移動はカートで。広々としたフィットネスセンターではヨガやストレッチなどのアクティビティクラスも行われています。施設内にはレストランが3つ、カフェ&バーが3つあり、宿泊者以外にも人気です。夜はリゾート内のライトアップも素敵なので、お散歩するのもおすすめ。スタッフのホスピタリティも抜群で、何か要望がある際はすぐに対応してくれます。

📍 35 Trường Sa, Street, Ngũ Hành Sơn, Đà Nẵng
📞 0236 3988 999
🌐 www.marriott.com/hotels/travel/dadsi-sheraton-grand-danang-resort
f sheratongranddanang
○ @sheratongranddanang
🛏 デラックス・プールビュー 4,200,000VND〜、朝食764,000VND（ともに消費税、サービス料別）／全258室
MAP 📍 P.8 B-2

Đà Nẵng　ホテル

ミーケ・ビーチに臨むかわいいホテル
Chicland Hotel
シックランド・ホテル

最上階はインフィニティプールとバーがある。

　2019年オープン。ミーケ・ビーチに面した、打ちっぱなしのコンクリートに緑が映えるデザインホテル。建物3面が植物で覆われ、玄武岩、砂岩、竹などの自然素材を使用し、全室のバルコニーに熱帯植物が生い茂っています。1階はカフェで2階がレセプション。ビーチまでは道を渡ってすぐ、周囲にはローカルレストランやコンビニという立地も便利です。シンプルでおしゃれなホテルのアメニティや雑貨はレセプションで購入も可能。おすすめは、朝日が見られるオーシャンフロント・バルコニーの部屋です。また、最上階の21階にある「the spa」ではタイの人気コスメブランド「THANN」のオイルを使った施術やサウナ(60分 210,000VND〜)も楽しめるので、滞在中に利用してみてはいかが？
(2024年7月現在「the spa」休業中。再開はWEBサイトにて確認を)

「the spa」では各種ボディマッサージ60分 790,000VND(消費税・サービス料込み)やヘッドスパなども楽しめる。

広々としたレセプションでは柑橘系のアロマオイルが焚かれて、とてもいい香り。

左・ウッドテイストであたたかみのある部屋。／右・バルコニーに木なども植えてあるユニークな外観。

📍 210 Võ Nguyên Giáp, Phước Mỹ, Sơn Trà, Đà Nẵng
📞 0236 223 2222
🌐 www.chiclandhotel.com
ⓕ chiclandhoteldanang
ⓘ @chiclandhotels
🛏 スーペリア・ルーム 2,000,000VND
　(消費税・サービス料別、朝食込み)〜／全150室
MAP 📍 P.10 B-2

ホテル **Đà Nẵng**

路地裏の隠れ家ヴィラにステイ
Tam House Villa Hotel
タム・ハウス・ヴィラ・ホテル

ぐるっとプールを囲むように建物がつくられ、全室プールビューの、ローカルエリアの小道に面したヴィラタイプのホテル。バスタブはありませんが、どの部屋も40㎡以上と開放感があり、1階はそのままプールにも入ることができます。2階以上はバルコニーつき。コンドミニアムのようなつくりなので、長期滞在をする人も多いです。スタッフも感じが良く、タクシーなどの手配にもすぐ対応してくれます。ミーケ・ビーチまでは約300m。大通りに出ればコンビニやカフェがあります。隠れ家的なヴィラステイを楽しみたい方におすすめです。

プールを囲むように建てられた、隠れ家感のあるヴィラ。

📍 Kiệt 209/27 Nguyễn Văn Thoại, Q. Sơn Trà, Đà Nẵng
📞 0236 3986 555
🌐 www.tamhousevillahotel.com
f tamhousevillahotel @tamhousevillahotel
🛏 プールビュー・ルーム1,200,000VND（消費税・サービス料別、朝食込み）～／全15室
MAP 📍 P.10 C-2

1階の部屋からは直接プールに入れる。

左・レセプションの前にある朝食会場。／右・部屋は長期滞在にもうれしいキッチンつき。

Đà Nẵng　ホテル

露天風呂＆サウナつきがうれしい
The Blossom Resort Island
ザ・ブロッサム・リゾート・アイランド

露天風呂には天然塩を使っている。12:00から21:30まで入浴可能。

ハン川の中州、ダナン市内でも閑静な高級住宅街、グリーンアイランドエリアの自然に囲まれた静かな環境が特徴。すべてのプランに露天風呂やサウナの利用も含まれているのはうれしいポイントです。また「オールインクルーシブプラン」での宿泊にはスパやリゾート内レストランの利用などが含まれるので、おこもりステイを楽しめます。

上・プールからは対岸にアジアパークが見え、夜景も◎。／左・バルコニーつきの広々したヴィラがゆっくり過ごせておすすめ。

📍 Khu đảo xanh mở rộng, Hoà Cường Bắc, Hải Châu, Đà Nẵng
📞 0236 3623 238　🌐 theblossomhotels.com
📘 theblossomvn　📷 @theblossom.resort
🛏 ヴィラツイン3,700,000VND
（消費税・サービス料別、朝食・入浴施設利用込み）／全19室
MAP 📍 P.11 A-1

立地がいいので、観光メインの滞在におすすめ。

人気観光エリアのお手頃ホテル
Eco Green Boutique Hotel
エコ・グリーン・ブティック・ホテル

観光客に人気のアン・トゥン・エリアにある"エコ"をテーマにしたブティックホテル。すべての電力はホテル屋上のソーラーパネルや、節水灌漑を利用しています。温水の屋内プールは通年入れます。近くには24時間営業のコンビニ（Kマート、フルマート）や人気飲食店、スパがあり立地も抜群。ミーケ・ビーチまで歩いて行くこともできます。

清潔感のある部屋。バルコニーからの眺めも良い。

📍 1 An Thượng 3, Bắc Mỹ Phú, Ngũ Hành Sơn, Đà Nẵng
📞 0236 3566 769　🌐 www.ecogreendanang.com
📘 ecogreenboutique　📷 @ecogreendanang
🛏 エコ・ツイン970,000VND（消費税・サービス料別、朝食込み）～／全45室
MAP 📍 P.10 C-2

ノスタルジックな古都散歩

Hội An
ホイアン

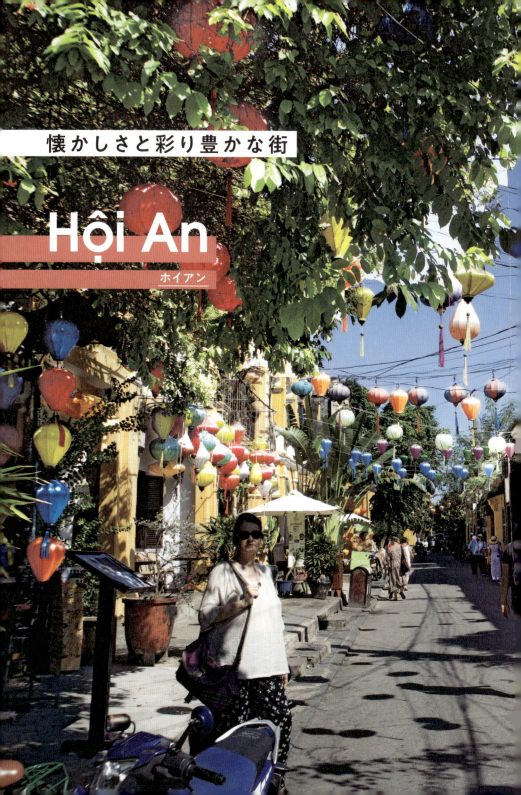

懐かしさと彩り豊かな街

Hội An
ホイアン

ダナンから車で南へ約30分の港町ホイアン。伝統的な黄色い壁が印象的な旧市街にはカフェやみやげ屋が所狭しと軒を連ねています。16世紀末以降国際貿易港として繁栄し、各国の文化を背景にした古民家や街並みはノスタルジック。当時の日本人街や中国人街の名残を感じられる場所もあちこちにあり、はじめてでもどこか懐かしい気分にひたれます。旧市街からトゥ・ボン川を渡った先のアン・ホイ島は、よくガイドブックなどの表紙にもなっているランタンのお店があるスポット（P.106〜107）。ナイトマーケットがはじまる18時前後に街中の通りやお店のランタンが灯りはじめます。旧市街から車で10分ほどのところにあるアン・バン・ビーチは欧米人旅行客に人気のスポット。高層ビルが建ち並ぶダナンのビーチにくらべ、自然に囲まれゆったりできます。旧市街の外はのどかな田園風景が広がり、水牛やアヒルが飼育されています。ホイアン市内に滞在する場合は、レンタルサイクルでもアクセスできます。なお、旧市街は景観保護のためエアコンが設置されていない店が多いのでご注意を。

黄色い外壁の建物が多いホイアンの街並み。

16世紀末以降、世界的な貿易港として繁栄したホイアン。ファン・チャウ・チン通りとトゥ・ボン川に挟まれたエリアは歴史地区として保存されています。観光局指定のスポットへ入るには5枚綴りのチケットが必要。120,000VNDで指定スポット22か所のうち5か所に入場可能です(各スポットの公開時間は基本的に7:00〜17:00)。ここではそのうちの6スポットを厳選してご紹介します！

旧市街の中心でもある来遠橋は2024年8月修復工事が完了。20,000VND紙幣にも描かれている。

ホイアン旧市街おすすめスポット

※チケット売り場は旧市街入口や通りに7か所あり(MAP ♥P.12〜13参照)

Cầu Nhật Bản 来遠橋

幅3m、長さ18mの瓦屋根つきの太鼓橋。

　ホイアンに日本人街があった1593年、日本人街と中国人街を繋ぐために日本人が設計した橋。「日本橋」の名でも知られます。橋の両サイドの入り口には犬と猿の像があり、戌年から申年までかけてこの橋が完成したことを表します。竣工後間もなく日本で鎖国がはじまったため、ホイアンに1000人ほどいた日本人は一斉に帰国したとか。18〜22時までライトアップされます。2024年8月に8回目の修復工事が完了しました。

📍 Nguyễn Thị Minh Khai, Phường Minh An, Hội An
MAP ♥ P.12 B-2

左・橋のなかには「カウ寺」という、小さなお寺がある。/右・橋の東側にある戌の像。

Nhà cổ Phùng Hưng
フーンフンの家(馮興家)

　200年前に貿易商の家として建てられた木造家屋。壁はベトナム式、柱は中国式、屋根は日本式の建築が特徴。現在も8代目の子孫が住んでいて、英語で案内をしてくれます。内部には歴史ある家具や調度品が飾られており、1階のリビングではハス茶をいただけます。奥はシルク刺繍の工房とみやげ屋も。

上・かつて洪水が多かったことから荷物を2階に運べるよう、取り外しできる格子の天井になっている。/左・祭壇のある2階のベランダからの風景は写真スポットとしても人気。

📍 4 Nguyễn Thị Minh Khai, Phường Minh An, Hội An
MAP ♥ P.12 B-2

Hội Quán Quảng Triệu
廣肇(こうちょう)会館

200年以上前に広州市と肇慶(ちょうけい)市出身者が建てた、中国形式の集会場のひとつ。天井に吊るされた螺旋状の線香が特徴的。祭壇には関羽(関聖大帝)が祀られており、現在もホイアンに住む華人たちの集会場。小川が流れる広い庭園の中央にある九頭竜の像はベトナム人にとってもパワースポット。

© AJ Oswald

上・ピンクと緑色の色使いが目を引く二の門。屋根には龍があしらわれている。／左・赤い螺旋状の線香が吊るされている「天后宮」。

Hội Quán Phúc Kiến
福建会館

ホイアンが世界的貿易港だった250年ほど前に福建出身の華人が建てた集会場。旧市街にある会館のなかでは最大。建物の床、壁、天井には細かい彫刻が施されており、奥には航海の安全の神様、天后聖母(媽祖(まそ))が祀られています。内部には中国式庭園も。

左・色あざやかな装飾の門が目印。／下・入り口にある、タイルと陶器でつくられたモザイクの竜の像。

📍 176 Trần Phú,
　Phường Minh An, Hội An
MAP 📍 P.12 B-2

📍 46 Trần Phú, Cẩm Châu, Hội An　MAP 📍 P.13 B-3

Chùa Bà mụ
バム―寺

1626年建立のお寺の跡地。現在残る門は古典的なベトナム様式で、健康と安全の女神と36人の天使、12人の助産師が彫刻されており、子どもの神様を祀っていました。

📍 675 Hai Bà Trưng,
　Tam Quan Chua Ba Mu, Hội An
MAP 📍 P.12 B-2　※ここはチケット不要

写真映えスポットとして人気。4～6月は手前の蓮池が美しい。

Miếu Quan Công (Trừng Hán Cung)
関公廟

ホイアン市場正面にあり、比較的落ち着いた雰囲気。

1653年建立のお寺。中国後漢末期の将軍、関羽が祀られています。旧市街の名所のなかでは来遠橋(日本橋)に次ぐ歴史があり、鮮やかな赤色や龍の装飾など中国様式が特徴。武ире関羽は商才もあったことから、ベトナムでは商売繁盛の神としてよく祀られます。祭壇には周倉や関平も祀られていて三国志ファンにおすすめスポット。

すぐ裏にはホイアンで最も古い仏教寺院クアンアム・パゴダも。

📍 24 Trần Phú,
　Cẩm Châu, Hội An
MAP 📍 P.13 B-3

幻想的なホイアンの夜

　日が落ちる頃、ホイアンの街に灯されるランタン。アン・ホイ橋を渡ったアン・ホイ島と旧市街のホイアン市場付近では、毎晩18〜22時頃にナイトマーケットが開催されます。ランタンをはじめ、職人のつくった手工芸品からファッション雑貨、食べ物まで、さまざまな露店が並びます。また、トゥ・ボン川に面したバク・ダン通りでは、観光客も灯篭を買って流すことができます。

　毎月旧暦の14日（日付は毎月変わる※）の満月の夜には、18〜22時頃にホイアン旧市街でランタン祭りが開催されます。先祖を敬うこの日の夜は旧市街の商店も家も電気を消し、ランタンの明かりだけが街を照らす幻想的な雰囲気になります。川沿いで民謡を歌ったり音楽を演奏する人がいたり、商売繁盛の祈祷のために店頭には線香や果物が置かれたりします。観光客だけでなく地元の人も多く訪れるため、川沿いや日本橋付近はとても混み合います。スリやひったくりも起きやすいので貴重品の管理には十分注意を。なお、灯籠流しはランタン祭り以外の日でも行えます。

アン・ホイ島に並ぶランタン屋の店先。

店内の灯りが漏れる夜のアン・ホイ島のグエン・フック・チュー通り。©Hoxto

旧市街のスポットもライトアップされ、昼とは別の表情を見せる。©Antonin Subtil

上・川面からホイアンの夜を楽しむ川下り(15分)100,000VND〜。／下・色とりどりのランタンが頭上に灯るナイトマーケット。

トゥ・ボン川での灯籠流しは10,000VND〜。バク・ダン通りで申し込める。

Hội An ショップ

ホイアンのかわいいセレクトショップ
Sunday in Hoi An
サンデー・イン・ホイアン

店舗入り口のフォトスポット。

天然水草でできた2wayバスケットは390,000VND。

　ホイアン旧市街に2店舗ある、ベトナム雑貨のセレクトショップ。店内の装飾もかわいらしく、両店舗にあるブランコは写真映えスポットとしても人気です。店内にはベトナム発の高級テーブルウェアブランド「amai」の食器類や水牛の角でできたアクセサリー、ラタン製品なども。私のおすすめはベトナムのタイル模様のコースター。種類豊富で軽いので、自宅用にもおみやげにも◎。また、私の猫友達界隈で人気なのが、つぶすとカゴにもなる、やわらかいバスケット。猫が入るのに丁度いい大きさなのです。通気性もよく軽いので、ビーチに持ってくのにもぴったり。ポーチやプラカゴもほかのお店とはひと味違うデザインで、しっかりしたつくりなので長く使えます。

上・ベトナムタイル風コースター、150,000VND／左・大ぶりでおしゃれなピアス、220,000VND。

📍 184 Trần Phú, Old Town, Hội An
📞 0797 676 592　🌐 www.sundayinhoian.com
📘 SundayinHoiAn　📷 @SundayinHoiAn
🕘 9:00〜21:00、無休
MAP 📍 P.12 B-2

国内各地の選りすぐりの商品がかわいらしく展示されている。

ショップ **Hội An**

ショッピングも楽しめるカフェ
CocoBox
ココボックス

旧市街の中心・レロイ通りに面していて、トゥボン川からも歩いてすぐの立地。ぜひ寄ってみて。

　ホイアン旧市街の中心にあるオーガニックカフェ。オープンエアな古民家が特徴です。ベトナム産の厳選されたオーガニックフードやグッズの取り扱いが豊富で、パッケージもかわいらしいものが多くお土産にぴったり。ホイアン発のオーガニックコスメブランド「SAPO」の製品もこちらで購入できます。カフェメニューは「Hoi An Roastery」のコーヒーをはじめ、新鮮なフルーツや野菜を使ったコールドプレスジュースやスムージーが人気。私のお気に入りは「PIPE CLEANER」。グァバ、きゅうり、りんご、ライム、ミントのさっぱりした飲み口のコールドプレスジュースです。ホイアン散策の休憩がてら、こちらでショッピングも楽しんでみてはいかがでしょうか？

上・食材やコスメ、雑貨が豊富に揃う。／左・コールドプレスジュースは59,000VND〜。グラノーラやバインミー、アイスクリームなどもあり、小腹が減った時に◎。

📍 94 Lê Lợi, Phường Minh An, Hội An
📞 0235 3862 000
🌐 cocobox.com.vn
f cocoboxvietnam
@ @cocobox.vn
🕐 8:00〜20:30、無休
MAP 📍 P.13 B-3

ホイアン発のオーガニックコスメ「SAPO」製品は120,000VND〜。

Hội An ショップ

おしゃれTシャツを買うならここ
Ginkgo ギンコ

ベトナム発、イチョウの葉のロゴが目印のTシャツ屋さん。国内主要都市のほか中部ではホイアンとニャチャンに店舗があります。Tシャツは100%オーガニックコットンで、肌触りが良く、縫製もしっかりしています(596,180VND〜)。フランス人とベトナム人のチームでデザインを行っており、ベトナム風刺画などもおしゃれ。大人から子どもまでサイズ展開も豊富です。

📍 115 Trần Phú, Phường Minh An, Hội An
📞 0235 3910796
🌐 ginkgo-vietnam.com
📘 Ginkgotshirts
📷 @Ginkgotshirts
🕐 8:00〜22:00、無休
MAP 📍 P.13 B-3

ベトナムの情景などコミカルなデザインが豊富。

左・ベトナム式のバイクの乗り方をイラストにしたTシャツ。／中・バイクやシクロなどの乗り物で「SAIGON」の文字をかたどったデザイン。／右・葉針をイメージしたデザインのタンクトップは手染め。

ロゴがポイントのバックパック 3,485,360VND。

形の綺麗な天然シルク製品
Metiseko メティセコ

上・店は奥行きがあり、中庭には隠れ家的なカフェもある。／左・シルクのヘアターバン 580,000VND〜。

ナチュラルシルクをすべてハンドメイドでプリントしているこだわりのお店。とくにワンピースの形がとても綺麗なんです。国際規格の天然素材を使用しているため、お安くはないのですが、自分へのご褒美にも良いかと思います。店舗の奥にはリネン類、隣には同系列のオーガニックコットンを扱う店舗「Metiseko organic cotton」も。ちょっとしたお買い物にはヘアアクセサリーがおすすめです。

📍 142 Trần Phú, Phường Minh An, Hội An
📞 0235 3929 278 🌐 metiseko.com
📘 Metiseko 📷 @Metiseko
🕐 8:30〜19:30、無休
MAP 📍 P.12 B-2

肌ざわりも良いワンピース 2,000,000VND〜。

ショップ **Hội An**

ベトナムの若手アーティストアイテム
Tired City
タイアード・シティ

　ホイアン旧市街に3店舗展開しているハノイ発のおみやげ店。ベトナムの若手アーティストたちとのコラボによる、ベトナムモチーフのアイテムが購入できます。ポスターやポストカード、Tシャツやピンバッジなどのアパレルから雑貨まで、さまざまな商品が並んでいます。商品価格の10％がアーティストに直接送金され、芸術のサポートや発展を目標に活動しているお店だとか。かわいらしいタッチで描かれたものもあれば、ベトナムの文化や日常を風刺したデザインなど、持っていて人とかぶらないデザインが多いのが特徴です。自分用にも、ちょっとしたプレゼントにも喜ばれそうな商品が揃っています。店員さんの対応も良く、じっくり商品を吟味できます。モダンなベトナムみやげを探している人は、ぜひ訪れてみてくださいね。

トートバッグ295,000VND〜

ポスターもベトナムの風景から動物まで種類豊富。

帽子などにつけてもかわいいピンバッチは165,000VND〜。

Tシャツ499,000VND〜

癒しのタッチのイラストにほっこりするポストカードは45,000VNDから。

📍 53 Lê Lợi, Phường Minh An, Hội An
📞 0368 011 016
🌐 tiredcity.com/
f tiredcity
📷 @tiredcity_official
🕗 8:00〜22:00
MAP 📍 P.13 B-3

Hội An　ショップ／見どころ

在住外国人に人気のアパレル店
Li Me ライム

リネン素材に特化したオーダーメイド＆セレクトショップ。かわいらしいワンピースやシャツなどの洋服から小物まで取り扱っています。オーダーメイドでの注文も可能で、サンプル服の持ち込みや簡単なデザインのものであれば24時間で仕上げてもらえます。料金は生地やデザインにもよりますが、半袖シャツで150,000VND〜。

- 📍 107 Đ. Trần Cao Vân, Phường Minh An, Hội An
- 📞 0353 150 613
- ❑ lime.linenme
- ◎ @lime.linenme
- 🕘 9:00〜19:00、日曜休
- MAP 📍 P.13 A-3

上＆右・こぢんまりとした店内には革製品などのセレクト雑貨も。スタッフの対応も親切で、やさしくデザインについての相談やアドバイスをくれる。

ベトナムのポストカードを買うなら
Precious Heritage Art Gallery Museum
プレシャス・ヘリテージ・アートギャラリー・ミュージアム

フランス人写真家レーハン（Réhahn）氏の作品を展示している博物館です。ホイアン旧市街から徒歩圏内にあり、入場は無料。ベトナム各地で撮影した民族写真のほか、ベトナム各地54民族の民族衣装の展示も行っており、解説には日本語表記もあります。お土産コーナーでは写真作品やポストカードなども販売しているので、ベトナムの思い出におすすめ。

ベトナムの豊かな歴史と文化がとても美しく表現されている。

旧市街の喧騒から離れた位置にあり、室内には冷房も完備。映像コーナーなどもあり、休憩にも利用しやすい。

- 📍 26 Đường Phan Bội Châu, Cẩm Châu, Hội An
- 📞 0949 820 698
- 🌐 rehahnphotographer.com/precious-heritage-museum/
- ❑ Rehahn.Photography
- ◎ @rehahn_photography
- 🕘 8:00〜20:00、無休　MAP 📍 P.13 B-4

ショップ **Hội An**

ホイアン市民の生活が垣間見える
Chợ Hội An
ホイアン市場

　ホイアンの人々の生活をのぞいてみるのに外せないスポット。市場は2つの建物に分かれており、ひとつは洋服類、生活雑貨などの布市場、もうひとつはイートインスペースもある食品を扱う市場です。建物が少し離れているので、ご注意を。食品を扱う方はローカル度が高めですが、ホイアンの名物料理からチェーやシント―（フルーツのスムージー）が安価なので、バックパッカーの外国人に人気です。衣類や雑貨の市場では旧市街内よりもお手頃価格のものや、たまに掘り出しものもあります。ローカルと観光客が混ざった市場なのでダナンの市場と同様、値段交渉は必須。ランタンの制作現場が見られるお店や、オーダーメイドの洋服店、はんこ店などもあり、見るだけでも楽しいですよ。

食品市場（イートイン）
📍 19 Trần Phú, Cẩm Châu, Hội An
🕐 6:00～21:30頃、無休　MAP📍P.13 B-3

布市場
📍 01 Trần Phú, Cẩm Châu, Hội An
🕐 6:00～18:30頃、無休　MAP📍P.13 B-4

ホイアンの食品市場の外壁は黄色。外でも露店が並ぶ。

布市場のランタン店。小さいランタンは30,000VND～購入できる。

上・天井の高い食品市場には、イートインスペースと日用品売り場、生鮮食品売り場などがある。／左・掘り出しものハンティングが楽しい布市場。

自分だけのワンピを旅の思い出に！

オーダーメイドで服やサンダルをつくろう！

観光客にも地元の人にも人気のテーラー

ベトナム旅行ではオーダーメイドも人気。ちょっとしたワンピースからスーツやコート、靴やカバンまでつくれちゃうんです。ダナン市内にもお店がありますが、16〜18世紀から養蚕や絹織物で栄えたホイアンでは、現在でもテーラー業が盛んです。

流れとしては、お店にある見本からデザインを決め、豊富な種類のなかから生地を選び、採寸（約20か所）となります（目安時間90分）。翌日できあがるお店がほとんどですが、お直し（無料）の時間も含めて2〜3日は余裕を持っておくと安心です（デザインによっては当日仕上がりもあり）。できあがったものは無料でホテルまで届けてくれ、その後試着し、必要があればお直しになります。支払いは前払い（現金またはクレジットカード）となるのでご注意を。料金の目安は、シャツ500,000VND〜、ワンピース700,000VND〜、サンダル500,000VND〜、カバン1,000,000VND〜など。

上・ホイアンのなかでも群を抜く豊富なデザインと生地から選べるべべ。／左・2006年創業で、地元でも評判が高い。

BeBe Tailor ベベ・テーラー

- 05-07 Hoàng Diệu, Cẩm Châu, Hội An（本店）
- 0235 2212 670　bebetailor.com
- Bebe.Tailor.Hoi.An
- @bebe_tailor_hoian
- 8:00〜21:00、無休
- MAP　P.13 B-4　◎ホイアン市内に3店舗あり

老舗オーダーメイド店
Yaly Couture
ヤリー・クチュール

- 358 Nguyễn Duy Hiệu, Cẩm Châu, Hội An（本店）
- 0235 3914 995　www.yalycouture.com
- YalyCoutureOfficialPage
- @yalycouturehoian
- 8:00-21:30、無休
- MAP　P.13 C-3　◎ホイアン市内に3店舗あり

スーツの採寸には3Dスキャナーも採り入れている。

ファッションショーなどにも協賛している。

革製品のスペシャリスト
Friendly shoe shop
フレンドリー・シュー・ショップ

上・フェイクレザーは割安。本革は修理保証書もつく。／右・旧市街にある「ショップ3」（ほかにショップ1、レザーバッグ店がある）。

靴のほか、ベルトやカバンのオーダーメイドもできる。

📍 18 Trần Phú, Cẩm Châu, Hội An
📞 0235 394 378
🌐 shoeshop-hoian.com　📘 shop.friendlyshop　📷 @friendly_shoe_shop
🕐 8:30〜20:30、無休　MAP 📍 P.13 B-4　◎ホイアン市内に3店舗あり

はんこもオーダーメイドで！

　ホイアンの旧市街内にははんこをつくれるお店がいくつかあります。だいたい平仮名で「はんこ」と書かれているので歩いていたら目につくはず。最近は自分や子どもの顔の似顔絵が流行っていますが、キャラクターや名前など、好みのデザインを彫ってもらえます。簡単なデザインなら1個60,000VND〜、15分くらいでできあがります。似顔絵スタンプは1個150,000VND〜。1時間くらいかかりますが、後で取りに来てもOKなので、気軽にお試しを！

上・リアルな似顔絵スタンプの見本。／左・好きなデザインを注文できる。

必食 ホイアンの名物料理

各国との貿易も盛んだったホイアンには、中国、オランダ、ポルトガル、日本など、さまざまな国の文化が取り入れられた独自の食文化があります。由来は諸説ありますが、ほかの都市では食べられない名物も。ホイアンの三大名物は「ホワイト・ローズ」、「カオ・ラウ」、「揚げワンタン」で旧市街にあるレストランでは、この3つの料理はたいてい提供されています。また、B級グルメとして人気の「コム・ガー」もお忘れなく。

Cơm Gà
コム・ガー

ベトナム風チキンライス。ホイアンのコム・ガーは細かく割いた蒸し鶏が香草や玉ねぎ、調味料で味つけされており、ターメリックと鶏の出汁で炊いたご飯と一緒に出てくる店が多い。香草たっぷりでヘルシーなのでパクチー好きさんにおすすめ。

Bông Hồng Trắng
ボン・ホン・チャン／ホワイト・ローズ

薄く伸ばした米粉の皮で、エビのすり身のあんを包んで蒸した料理。白いバラの花びらのような見た目から、"ホワイト・ローズ"と呼ばれている。皮はもちもちで、揚げたニンニクとの相性が抜群。好みでスイートチリソースや、ヌック・マム（魚醤）をつけていただく。旧市街にあるバーレー井戸の水（地下水）を使わないとホワイト・ローズの独特の食感はつくれないと言われている。

Cao Lầu
カオ・ラウ

　朱印船貿易が盛んだった頃、ホイアンには日本人街があり、そこにいた日本人が伊勢うどんを食べたくて伝えたという逸話もある料理。しっかりした食感の米粉麺にベトナム醤油の甘辛いタレをかけ、豚肉、揚げた米粉の皮、香草などの具材と混ぜていただく汁なし麺。伊勢うどんよりもコシがある。ライムを搾って食べるとよりさっぱりするのでおすすめ。

Hoành Thánh Chiên
ホアン・タイン・チェン

　揚げたワンタンにいろいろな具材をたっぷりのせた料理。ホワイトローズやカオ・ラウは正直どのお店も似た感じだが、揚げワンタンはエビや豚のすり身、野菜などのせるものが店によってそれぞれ異なり、味つけもさまざま。スナック感覚で食べられ、屋台にも多い。

Hội An　レストラン

来遠橋そばでホイアン料理が楽しめる
188 Hoa Vàng Restaurant
188 ホアヴァン・レストラン

ホイアンのワタリガニが丸ごと1杯入った炒飯360,000VNDは見た目にも豪華。

ホイアン旧市街の中心、来遠橋から歩いて1分もかからない立地のレストラン。ホイアン名物をはじめ、さまざまなベトナム料理が楽しめます。基本的にはエアコン禁止の旧市街ですが、風通しのいい店内で落ち着いて食事ができます。ホイアンでとれた新鮮な食材を使った料理が豊富で、メニューも写真つきなので安心。特にホイアンのカニを使用した炒飯や、エビや豚肉の入ったレンコンサラダが人気です。私のおすすめはホアヴァンスタイルのワンタン麺。つるつるのワンタンとやさしい味のスープが食べやすいんです。好みでニンニクとチリの入った醤油で味変しても。アルコールのハッピーアワーがあったり、コーヒーなども提供していたりするので、食事だけでなく休憩にも利用しやすいです。

私のお気に入り、ワンタンヌードル・ホアヴァンスタイル98,000VND。たっぷりの具材がうれしい。ホイアン名物はもちろん、ベトナムの食材をふんだんに使った料理が楽しめる。

📍 188A/5, Trần Phú, Phường Minh An, Hội An　📞 0373 344 013
f 188hoavangrestaurant　@ @188hoavangrestaurant
🕐 11:00~22:00、無休　　MAP 📍P.12 B-2

上・ホワイトローズ82,000VND／右・グレープフルーツとエビのサラダ108,000VND。

女性に人気の隠れ家レストラン
Secret Garden
シークレット・ガーデン

日本人旅行客に人気の
エビの生春巻き
108,000VND。

左・天気の良い日は池も見える中庭の席がおすすめ。／下・広々とした店内はパーティーなどにも利用される。

ホイアン旧市街から100mほどのところにある、川沿いのレストラン。昼間は素敵な庭と外の空気を感じながら食事ができ、夜はライトアップでロマンティックな雰囲気に。旧市街の喧騒から離れ、ホイアンの名物からベトナム料理、フュージョン料理まで、ゆっくり楽しめます。どの料理もオーナーのおばあちゃんのレシピを採用しているそうで、中国とベトナムの文化が融合したベトナム料理がいただけます。盛りつけや器も素敵で、綺麗なつくりのお店なので、「屋台には抵抗があるけれど、ベトナム料理に挑戦したい」という人にもおすすめです。お酒も楽しめ、ドリンクはカクテル36種ワイン68種と豊富なラインナップ。日中はベトナム料理のクッキングクラスあり。

📍 61 Đường Phan Bội Châu, ward, Hội An
📞 0839 883 866
🌐 secretgardenhoian.com
f secretgardenhoian
📷 @secretgarden.hoian
🕐 8:00〜23:00、無休
MAP 📍 P.13 C-4

上・赤はサーモン、緑はエビと豚肉、黄色は野菜の3種類の味が楽しめる、メドレー・オブ・スプリングロールズ、210,000VND。／左・魚醤とチリの味がクセになる、チキン・ウィズ・ジンジャー228,000VND。

Hội An　レストラン

カイワレ農家のおいしい家庭料理
Baby Mustard
ベイビー・マスタード

カイワレと牛肉のサラダ85,000VNDはトマトソースでマリネされた牛肉が絶妙の味。

　ホイアン旧市街から車で15分ほどのチャー・クエ村は、約200世帯の農家が昔ながらの自然農法を行っています。この村のおすすめが、もともとカイワレ農家だった一家が経営するレストラン（店名は「カイワレ」の意味）。22歳で開店したグエットさんの店の裏の畑には、カイワレをはじめ、さまざまな香草や野菜が育てられていて散策するのも楽しい！　おすすめはカイワレと牛肉のサラダ「サ・ラック・カイ・コン・チョン・ティット・ボー（Xà lách cải con trộn thịt bò）」。日本のカイワレよりも辛味が少なく、サラダでもりもり食べられます。ベトナム料理のクッキングクラスは、畑で野菜を収穫し、市場での買いものも含むツアーになっており、欧米人の旅行者にも人気です。日本から芸能人の方もお忍びで来るとか。

📍 Làng Rau Trà Quế, Hai Bà Trưng, Hội An
📞 090 564 0577
🌐 babymustard.weebly.com
f babymustard
🕐 11:00～21:00、無休　MAP 📍 P.11 B-1

― クッキングクラス ―
ホイアン名物を中心にメイン2品＋スターター1品。FBメッセンジャーまたは電話（英語）から要予約。
・市場ツアー無／8:30レストラン集合～12:00、1人11US$
・市場ツアー有／8:00宿泊ホテル（ホイアン市内限定）迎え～12:00レストラン解散、1人28 US$

上・建築家の弟さんが設計したオープンエアの店内。テーブルと椅子は竹でできている。／右・注文後に裏の畑から新鮮な野菜や香草を採るので新鮮。

上・揚げ豆腐のタマリンドソース70,000VNDと、豆腐とキノコと空芯菜の炒め物55,000VND（ごはんは無料）。／下・緑に囲まれた川沿いの店舗入り口。

レストラン **Hội An**

かわいらしい内装。店名の「Nữ」は女性の意味。

小さなおうちでベトナム料理を

Nữ Eatery
ヌー・イータリー

　来遠橋からすぐの小さな路地に面した2階建ての小さなレストラン。花柄のカーテンやテーブルクロス、壁の装飾などかわいい内装です。食事はフュージョンベトナム料理といった感じ。メニューは前菜3種、サラダ5種、スープ3種、メイン4種、デザート5種とシンプルですが、私のおすすめはメインのライスボウル。チキン丼とベジタリアン丼があり、どちらも大盛り！ベトナムフレーバーですが食べやすい味つけです。ボリュームが多めなので、シェアすると良いかもしれません。そのほか手づくりバンズのハンバーガーや、ベトナム風角煮まんなどハズレなしのラインナップ。注文してから提供までは結構時間がかかるので、時間に余裕を持って行きましょう。

広くはないが、落ち着く空間。オープンキッチンで調理しているところが見える。

📍 10A Nguyễn Thị Minh Khai, Phường Minh An, Hội An
📞 0825 190 190
🌐 www.facebook.com/NuEateryHoiAn
📘 NuEateryHoiAn
🕐 12:00〜21:00、日曜休
MAP 📍 P.12 B-2

ホイアン名物のカオ・ラウ100,000VNDは店舗オリジナルの味つけで外国人にも人気。

肉と野菜がバランスよく食べられるチキン丼100,000VND。

日本食が恋しくなったらこちらへ
Samurai Kitchen HoiAn
侍食堂

ホイアン市場すぐ横、「侍」の暖簾が目印。

　ホイアン市場のすぐ横にある日本食レストラン。店内は日本の食堂のようなつくりで日本にいるような感覚でくつろげます。在住日本人はもちろん、欧米人やベトナム人にも人気。日本食が恋しくなったらぜひ立ち寄ってみてください。おすすめはカツ丼。やわらかいロース肉に家庭的な甘辛い味つけで思わずビールが進みます。

📍 09 Tiểu La, Phường Minh An, Hội An
📞 0778 504 627
🌐 www.facebook.com/samuraikitchen
samuraikitchen
@samuraikitchen_hoian
🕐 12:00〜14:00、17:00〜21:00、日曜休
MAP 📍 P.13 B-3

上・つい食べたくなる絶品のカツ丼 150,000VND。／右・店内にはオリジナルの日本の紹介映像「侍TV」も流れている。

ホイアンのおいしい地鶏料理が人気
Cơm Linh
コム・リン

　他都市からのベトナム人観光客に人気のお店。こじんまりした店内ですがいつも混み合っています。豊富なメニューの中でもホイアンの地鶏や鴨肉を使った料理が特に人気です。私のおすすめは地鶏のフォー（Phở Gà Quay）と鴨肉のフォー（Phở Vịt）。どちらもフォーと呼ばれていますが麺が独特で、お肉のうまみとよく絡みます。

ボリューミーな鴨肉と万能ねぎの相性が抜群な鴨肉のフォー（Phở Vịt）75,000VND。

上・にぎわっている店内。／右・地鶏のフォー 85,000VND。

📍 42 Đ. Phan Chu Trinh, Phường Minh An, Hội An
📞 0904 210 800　 comlinhrestaurant
🕐 9:30〜21:30、日曜休　MAP 📍 P.13 B-3

レストラン&バー **Hội An**

目の前がアン・バン・ビーチ という絶好のロケーション。

開放的でまったり過ごせる

Salt Hoian Restaurant & Bar
ソルト・ホイアン・レストラン&バー

　アン・バン・ビーチに面する開放的なレストラン&バー。ビーチの主要エリアの喧騒から少し離れているので、欧米人在住者に人気があります。日中から夜までみんなそれぞれまったり過ごしていて、リゾート感たっぷり。毎朝8〜11時はモーニングセット190,000VND〜を提供しています。夜は本格的なカクテルも楽しめ、平日の17〜19時はハッピーアワーで1杯の注文で1杯が無料に。食事は西洋料理とベトナム料理があり、値段も80,000VND〜とお手頃です。日曜16時以降は「サンデー・ロースト（ラムまたはチキンと野菜のグリル＋生ビール1杯）」があるほか、たまにライブイベントやビュッフェなども催されています。

- 📍 32 Nguyễn Phan Vinh, Cẩm An, Hội An
- 📞 0986 772 442
- 🌐 salthoian.vn
- 📘 saltpubhoian 📷 @salthoian
- 🕐 8:00〜22:00、無休
- MAP 📍 P.11 B-1

上・サンデー・ロースト450,000VNDは、売り切れ次第終了。／下・バーカウンターもとてもおしゃれ。ひとりでも利用しやすい。

地元の人にも人気のエスプレッソ・マティー＝150,000VND。

Hội An　レストラン&バー

アン・バン・ビーチの小道に面した入り口はタクシーやバイクなどでにぎわっている。

ザ・ビーチリゾートな雰囲気
The DeckHouse An Bang Beach
ザ・デックハウス・アン・バン・ビーチ

　青と白でまとめられた店内は、高台からビーチフロントまでさまざまな席があります。日中は海水浴の後に寄る人も多く、シャワーブースも店内のトイレに併設。タオルや着替えがあれば水着で行っちゃうのもありです。近くにはローカルのビーチアクティビティ会社やレンタルボードの貸し出し店もあります。私が好きな時間帯は夕方。少し涼しくなってきたくらいにビーチを眺めながらゆっくりくつろぐことができ、とても良い雰囲気です。ベトナム料理だけでなく西洋料理も提供しており、日中のカフェ休憩としての利用もおすすめ。夜はライブミュージックやDJ、ダンスイベントなどが行われている日はとてもにぎやかです。開催はHPで紹介されているので、行く前にチェックしてみてください。

📍 Biển An Bàng, Cẩm An, tp. Hội An
📞 090 565 81 06
🌐 thedeckhousevietnam.com
f thedeckhouseanbang
📷 @thedeckhousevietnam
🕐 7:00~22:00、無休　MAP 📍 P.11 B-1

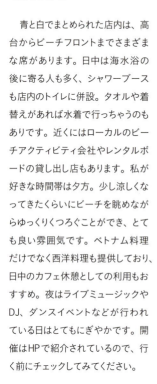

ティラピアのバナナリーフ焼き215,000VND。

上・アン・バン・ビーチが見下ろせる高台。／右・意外と飲みやすい、ベトナミーズ・ヨーグルト・コーヒー70,000VND。

イベントの日はすごい盛り上がりで、さまざまなパフォーマンスが行われる。

カフェ **Hội An**

街歩きのおともに人気のハス花茶
Mót Hội An
モッ・ホイアン

日中も夜も人だかりができている。

　旧市街中央を流れるトゥボン側を背に、来遠橋を右折したチャン・フー通りにあるお茶処。とくに暑い乾季のホイアンの街歩きのおともには、火照った身体をクールダウンしてくれるハス花茶は最適です。このお店ではハス花茶をベースに、レモングラス、ライム、シナモン、ショウガがブレンドされており、すっきりした甘さで飲みやすいです。美肌効果や免疫アップも期待できるそう。お茶にはピンク色のハスの花びらと葉を添えて提供されるので写真映えもバッチリ。持ち帰りで購入する人が多いですが、店内にも20ほど席があり、イートインも可能。フォーやダウフー（豆腐のデザート）もあるので軽食をとることもできます。

上・店内にはカオ・ラウやバインミーなどフードメニューもある。／下・乾季は店先にミツバチが多いので購入の際は注意して。

📍 150 Trần Phú, Phường Minh An, Hội An
📞 0396 037 257
🌐 www.facebook.com/mothoian
🕘 9:00〜22:00、無休　MAP 📍P.12 B-2

竹のストローでいただくハス花茶18,000VND。
※花は飾りなので基本的に食べない

Hội An カフェ

ホイアンらしさあふれる外観。

ホイアンで指折りの絶品コーヒー
Mia Coffee
ミア・コーヒー

　旧市街から歩いて約10分、旧市街の喧騒から離れた場所にあるカフェ。街のはずれですが、いつもお客でいっぱいです。こちらのカフェは自家焙煎の豆で淹れるコーヒーが絶品。私はコーヒーにあまり明るくはないのですが、苦味や酸味、濃さのバランスがよく、個人的にダナン・ホイアンでいちばん好きなコーヒーです。なので私はホイアンへ来た際にはよくここで休憩します。緑に囲まれたテラス席ではブーゲンビリアが咲き乱れ、ホイアンの黄色壁の建物とのコントラストを楽しめます。ハンバーガーやパスタ、手羽先などフードメニューも充実。ベトナム産クラフトビールもあり、16種類から4、6、8、10種を選べる飲みくらべセットもあります。

📍 20 Đường Phan Bội Châu, Cẩm Châu, Hội An
📞 090 555 20 61
miacoffeehouse
🕐 6:00〜22:00、無休
MAP 📍 P.13 B-4

店内にはクラフトビールのタップがずらり。

自家焙煎のコーヒー豆
200,000VND (500g)。

クラフトビール飲みくらべのセット。
コンボ4、140,000VND〜。

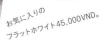

お気に入りの
フラットホワイト 45,000VND。

カフェ **Hội An**

変わり種コーヒーを楽しめる隠れ家カフェ
The Espresso Station
ザ・エスプレッソ・ステーション

　細い路地に面した隠れ家的な開放感が素敵な小さなカフェ。コーヒーは100％ラムドン省産のアラビカ豆なので、酸味が少なく飲みやすいです。注文を受けてから焙煎するので、コーヒーの提供には少し時間がかかります。コールドブリューやアフォガードなどのほか、ビーツや炭を使ったラテなどの変わり種も多数あり、見た目も味も楽しいコーヒーに出会えます。暑い日には、さっぱりした味わいのバタフライピーティーもおすすめ。マメ科植物を使ったハーブティーで、アンチエイジングやメラニン色素の沈着を防ぐなど美容効果も期待できます。店内には注文カウンターとテーブルが2つほど。閉店時間がほかのカフェとくらべてやや早いのでご注意を！

上・こじんまりした、かわいらしいカフェ。／左・ビーツのラテ65,000 VNDはほんのり甘く、ミルク感たっぷりで飲みやすい。

📍 28/2 Trần Hưng Đạo,
　　Phường Minh An, Hội An
📞 090 569 11 64
🌐 www.theespressostation.com
📘 TheEspressoStation
📷 @the_espresso_station
🕐 7:30〜17:30、無休
MAP 📍 P.13 A-3

蒸し暑い乾季のホイアンでの水分補給にぴったりなバタフライピーティー55,000VND。

127

Hội An カフェ

路地裏にひっそりあるお店。自然光が心地よい。

観光中心地にある隠れ家カフェ

Phin Coffee
フィン・コーヒー

上・アルミ製コーヒーフィルター120,000VND〜。／右・人気のココナッツコーヒー55,000VND。

フルーツたっぷりのスムージーボウル85,000VND。も人気。

カフェラテ、55,000VND。

おみやげ店が並ぶ通りから小さな路地に入った所にあるカフェ。日陰になる場所にあるので、基本的にはエアコン禁止の旧市街でも意外と涼しく過ごせます。人気メニューはココナッツコーヒー。濃厚で酸味のあるベトナムコーヒーに、ココナッツのさわやかな甘さのシャーベットがよく合います。ごくごく飲むより、シャーベットが溶けるのを待ちながらゆっくり飲む、スムージーのような感覚です。

ベトナムコーヒーはアルミのフィルターを使って淹れることが多いですが（ステンレスや陶器のフィルターもある）、ここでは店舗で使っている色つきのかわいいコーヒーフィルターも自家焙煎豆と一緒に販売。ベトナムのコーヒーの歴史から淹れ方まで教えてもらえるコーヒークラス（1時間、460,000VND〜）もおすすめです。

📍 132/7 Trần Phú, Phường Minh An, Hội An　📞 091 988 27 83
🌐 phincoffeehoian.com　f phincoffeehoian
🕐 8:00〜17:30、無休　MAP 📍 P.13 B-3

カフェ **Hội An**

ビーチビューと古民家両方が楽しめる
Sound Of Silence Coffee
サウンド・オブ・サイレンス・コーヒー

古民家の門を入ってすぐのカウンターで注文・支払いを済ませ、好きな席へ。

上&右・さまざまなエリアがあり、ビーチから古民家の雰囲気まで楽しめる。海に入った人用に簡易シャワーも完備。

ホイアンのアンバンビーチエリアにあるカフェ。入り口付近は木造古民家風スペースとガーデン、奥に進んでいくとビーチに面したテーブルなどさまざまなエリアがあります。コーヒーはイタリア式からベトナム式まであり、どちらも濃いめに抽出されているのでゆっくり飲みながらくつろぐのがおすすめ。敷地内には宿泊施設Tan Thanh Garden Homestayも併設されています。

📍 40 Nguyễn Phan Vinh, Cẩm An, Hội An　📞 0866 774 962
📘 soundofsilencecoffee　📷 @sound_of_silence_coffee
🕐 7:00~19:30、無休
MAP 📍 P.11 B-1

日中も夜も雰囲気ある田園ビュー
Roving Chillhouse
ローヴィング・チルハウス

ホイアン中心街から少し外れた田園地帯のど真ん中にあるカフェ。のどかで広々とした敷地内にはカウチ席やソファ席などがあり、ベトナムや日本の著名人にも人気でよく利用されています。ドリンクだけでなく食事やアルコールメニューも豊富。ビール50,000VND～は2杯目から少し安くなるので、私はついついビールを飲んでしまいます。

開放的なオープンエアーなつくりはリラックスするのに最適。

上・屋外カフェはどこでも喫煙可能なことが多いが、ここは喫煙スペースが分かれている。/左・夕方からは豆電球が灯り、また違った雰囲気が楽しめる。

📍 Nguyễn Trãi Thanh Tây, Hội An　📞 0708 123 045
📘 RovingChillhouseHoiAn　📷 @roving_chillhouse
🕐 7:00~21:00、無休　MAP 📍 P.11 C-2

バインミーってどんな食べもの?

手軽に食べられるベトナム料理として忘れてはならないバインミー「Bánh mì (Bánh mỹ)」。フランス植民地時代にフランス食文化の影響を受けて普及したもので、ベトナム旅行中は朝から晩までよく屋台を見かけるはず。朝や夕方には子どもが親御さんのバイクの後ろでパクパク食べている姿もしばしば目にします。

基本的なバインミーは、やわらかめのフランスパンにメインの肉(ハム)とパテ、なます、生野菜、香草を挟み、ヌック・マム(魚醤)やヌック・トゥン(甘口醤油)をベースにしたタレとチリソースで味つけしています。お店によってはマーガリンやバターをパンに塗ったり、トッピングでチーズや目玉焼きを入れてくれるところも。食材も自家製タレの味もお店によってそれぞれ違いますが、日本人にも食べやすい味つけのものがほとんどです。最近は外国人だと分かると、チリや香草を入れるか聞いてくれるお店が多いですが、基本的には入っているので苦手な人は注文時に伝えましょう。

路上の屋台のバインミーは1本10,000〜20,000VNDとお手頃なので気軽に試せるのも魅力です。是非旅行中にお気に入りのバインミーを見つけてみてはいかがでしょうか?

流れるようにつくる様子を見られるバインミー・フーン(P.129)。

左・バインミーはベトナム語で「パン」の意味。/左下・屋台も街のいたるところにあり、手軽に買える。

バインミーのパン

外はカリカリ、なかはふんわりしたパン。ホイアンのパンはダナンより先が尖っている。切り落としてくれるお店もあるが、自分でちぎる人も。

店によってはバインミーパンのみの購入も可能(1本5,000VND〜)。

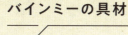
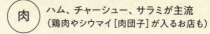

バインミーの具材

肉	ハム、チャーシュー、サラミが主流（鶏肉やシウマイ [肉団子] が入るお店も）
パテ	レバーペースト
野菜	紅白なます（にんじんと大根）、きゅうり、小口ねぎ、玉ねぎ、レタスなど
香草	ミント、パクチー、オリエンタル・バジルなど
ソース	唐辛子、チリソース、魚醤、バター、マヨネーズ、ケチャップなど（自家製のお店が多い）
その他	さつま揚げ、肉でんぶ、卵、チーズなど

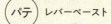

ハム / サラミ / チャー・ルア（豚のミンチ）

香草（ミント、パクチー、オリエンタル・バジル）

紅白なます

屋台でもGrabなどのアプリを使ったフードデリバリーに対応しているところが多い。

オリジナルソース（醤油ベース） / オリジナルチリソース / マヨネーズ / レバーペースト

目玉焼き / 肉でんぶ / シウマイ（肉団子）

ホイアンのおいしい＆人気バインミー店3選

個人的にダナンよりもおいしいと感じる、ホイアンのバインミー。
そのなかでもイチオシの3軒をご紹介します！

私のいちばんお気に入りのバインミー
Phi Bánh Mì
フィ・バインミー

人気の「トラディショナル・ベトナミーズ」25,000VND。4時間かけてつくられた自家製ハムがポイント。

※写真はアボカドトッピング

オーナーのフィさんが注文を受けてからていねいにバインミーをつくってくれる家族経営のお店。バインミーは11種類あり、どのバインミーにも＋5,000VNDでアボカドがトッピングできます。自家製タレ6種類が使い分けられており、醤油とヌック・マムベースの甘辛な仕上がりで日本人にも合う味。辛いのが苦手な人は注文時に伝えてください。私のお気に入りはベジタリアン・バインミー。揚げ煮された甘辛い豆腐がパンやほかの具材にもよく合っています。気さくなフィさんとバインミーに関することやホイアンのことなどお話しするのも楽しいひと時。ホイアン旧市街から少し離れているので、落ち着いて食事ができるのもお気に入りのポイントです。

上・タレがスパイシーなので、苦手な人は事前に伝えて。／左・バインミーをつくるフィさん。

イグアナとカメがお店のアイドル。

📍 88 Thái Phiên, Phường Minh An, Hội An
📞 090 575 52 83
🕗 8:00〜22:00、無休
MAP 📍 P.12 A-2

ホイアンNo.1の有名バインミー
Bánh Mì Phượng
バインミー・フーン

観光客だけでなく地元の人にも根強い人気の味。

バインミー・タップ・カム 35,000VND。チリソースは結構辛い。

乾季の観光シーズンには50mほど行列ができることもある人気店。従業員の数も多く、流れるようにバインミーがつくられる様子を見られます。一番人気は、豚のチャーシューやハム、パテ、香草、野菜がバランスよくたっぷり入った全部のせ「バインミー・タップ・カム（Bánh Mì Thập Cẩm）」。甘辛いソースとバターがパンによく合い、大人から子どもまで食べやすい味。イートインできますが、目の前にある公共駐車場兼広場で食べている人も多くいます。

中がふわふわのパンに具材とソースがよく合う。

📍 2b Phan Chu Trinh, Cẩm Châu, Hội An　📞 090 574 37 73
🌐 tiembanhmiphuong.blogspot.com　Ⓕ banhmyphuongha
🕐 6:30～21:30、無休　MAP 📍 P.13 B-4

欧米人に人気の肉々しいバインミー
Bánh Mì Madam Khánh
バインミー・マダム・カイン
（通称：バインミー・クイーン）

野菜は少なめでお肉と卵がメインの
バインミー・タップ・カム 30,000VND。

ガッツリお肉のバインミーが欧米人客からとくに人気のある、ホイアン旧市街近くの有名店。いちばん人気はレバーペースト、煮豚や厚切りのハム、そぼろ、薄焼き卵やパパイヤの酢漬けなど具材がたっぷり入った「バインミー・タップ・カム（Bánh Mì Thập Cẩm）」。自家製の甘いソースと激辛のチリソースがデフォルトです。チリソースはなしだと味にパンチがなくなってしまうので、個人的にはほんの少し入れるのがおすすめ。落ち着いた店内席もあり、ドリンクメニューも豊富。

自家製の甘いソースには、ひき肉とキクラゲが入っている。

旧市街エリア手前の細い道に面しているので見逃さないよう注意。

📍 115 Trần Cao Vân, Phường Minh An, Hội An
📞 0777 476 177
🌐 madamkhanhthebanhmiqueen.business.site
🕐 6:30～19:30、無休　MAP 📍 P.13 A-3

Hội An スパ

本格的なスパメニューが楽しめる
Citrus Health Spa
シトラス・ヘルス・スパ

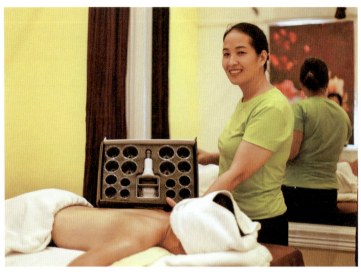

上・プロのマニキュアにキッズも興味しんしん。/左・皮膚にガラス玉を密着させるカッピングは3～10日ほど跡が残るが、血液浄化と血行促進、デトックス、筋肉痛の改善などに効果があるそう。

　多彩なメニューで人気のスパ。ホイアンの旧市街から車で5分ほどのところに位置しています。オーナーはダナンの有名5ツ星リゾートのスパでトレーニングマネージャーをしていた経歴があるため、豊富なメニューに対応できるそう。施術に使うオイルに入っているハーブは自家製で、スクラブなども個々の肌トラブルに合わせて調合されます。私のおすすめはベトナム式カッピングマッサージと、ほかのスパではメニューになかなかないインド式アーユルヴェーダマッサージ。頭痛もちの人にはとくにおすすめです。キッズ向けのマニキュアなどの施術もあり、子ども連れでもスパを楽しめます。旅行中の緊張や疲労を癒してみてはいかがでしょうか。

上・黄色を基調とした明るい店内。/左・親身なカウンセリング、施術はていねいで本格的、スパ後のヨーグルトもおいしい、とリピーターも多い。

📍 180 Lý Thái Tổ, Cẩm Sơn, Hội An　📞 091 607 6066
🌐 citrushealthspahoian.com　Ⓕ Citrusspahoian　🕘 9:00～20:00、無休
▶ おすすめメニュー：ベトナム式カッピングマッサージ(60分)490,000VND、インド式アーユルヴェーダマッサージ(90分)980,000VND
MAP 📍 P.11 C-1　●ホイアン市内無料送迎あり

スパ **Hội An**

お手頃価格でローカルスパ体験

Pandanus Spa
パンダナス・スパ

明るいレセプション。希望者には荷物の無料預かりサービスもある。

　ホイアン旧市街とアンバンビーチ、それぞれから車で5分の立地です。こちらのスパではセラピストの技術にこだわり、半年ごとに研修を行っているそう。スパメニューはボディーマッサージが299,000VNDとかなりお手頃価格ですが、ホスピタリティも◎。観光客から在住外国人まで人気です。

　私のおすすめはホットストーンマッサージ。じんわり身体があたたまり、肩こりや腰痛に効く感じがします。妊婦さんや子ども向けのスパメニューもあり、個室の施術ルームもあるので、少人数から大人数まで老若男女楽しめます。LINEでの予約も可能。ホイアン市内であれば無料送迎サービスがあり、2名以上かつ90分以上の施術メニューの場合はダナンへの片道送迎も可能です(どちらも要予約)。施術後はお茶と季節のフルーツのサービスがあります。

シンプルで清潔感のある施術室。半年ごとの研修があるので、セラピストの当たり外れが少ない。

左・施術後のフルーツも旅行者にとってはうれしいポイント。／右・施術中セラピストの私語がないことや、技術が高い割にローカル料金でコスパがいいことなどに定評あり。

📍 21 Phan Đình Phùng, Cẩm Sơn, Hội An　📞 0935 552 733
pandanusspa
pandanus_spa_hoian
🕙 10:00～21:30、無休
おすすめメニュー：ボディーマッサージ(60分)299,000VND、
　ホットストーンマッサージ(90分)506,000VND(別途チップ要60分50,000VND～)
MAP 📍 P.11 C-1

Hội An ホテル

大人がデトックスできるリゾート

Four Seasons Resort The Nam Hai, Hoi An
フォーシーズンズ・リゾート・ザ・ナム・ハイ・ホイアン

緑に囲まれたヨガパビリオンでは本格的なヨガクラスや瞑想が行われる。

プライベートビーチへと続く3段階のインフィニティプール。

上・敷地内のスパに面するハス池では毎晩、願いごとを書いた灯籠流しもできる。／下・ベトナムの禅僧ティク・ナット・ハン氏のマインドフルネスを取り入れたスパ。ナム・ハイ・ベトナミーズ（60分）3,400,000VND～がおすすめ。

フォーブス・トラベルガイドにてベトナム初の5ツ星に選ばれたリゾートホテル。東京ドーム7個分ある広い敷地内は全室ヴィラタイプで、カートや自転車での移動も可能。インフィニティプールは3段階のつくりで、いちばん海に近いLAP POOLは14歳以上の大人専用です。リゾート内にはヨガステーションがあり、宿泊者は無料で参加できます。スパも全室ヴィラタイプで、ハス池に面した静かな雰囲気のなかで施術を受けることができます。施設内にはレストランが2軒、バーが1軒あり、朝食会場でもある「カフェ・ナム・ハイ」では朝はベトナム＆西洋料理の種類豊富なビュッフェ、夜は本格的なインド料理が楽しめます。ゆっくりリゾートを満喫したい人におすすめです。

📍 Khối Hà My Đông B, Điện Dương, Điện Bàn
📞 0235 3940 000
🌐 www.fourseasons.com/jp/hoian
Ⓕ FourSeasonsNamHai　Ⓘ @fsnamhai
🛏 ワンベッドルーム・ヴィラ 19,000,000VND
　（朝食込み、消費税、サービス料別）～／全100室
MAP 📍 P.11 B-1

ホテル **Hội An**

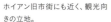
ホイアン旧市街にも近く、観光向きの立地。

ホイアン旧市街を楽しめるホテル
Hotel Royal Hoi An MGallery
ホテル・ロイヤル・ホイアン・Mギャラリー

フランス風の鎧窓とホイアンのイメージカラーの黄色い外観が特徴的。

ロイヤルカテゴリーの部屋はラウンジアクセスも無料でついてくる。

上・朝食ビュッフェにはベトナム料理と西洋料理が。／右・屋上のプールバーでは軽食やドリンクを楽しめる。

　ホイアン旧市街から徒歩10分ほどと近いので、混み合う時間帯を避けてホイアン旧市街を訪れることができるのがおすすめポイント。部屋は白を基調としており、落ち着いた雰囲気です。全カテゴリーにバスタブがあるので、ホイアンの街歩きで疲れた後にもぴったり。ロイヤル・カテゴリーの部屋はエグゼクティブ・ラウンジへのアクセスもついているので、静かなラウンジで飲みものやアフタヌーンティーなども楽しめます。市内いちの高さの屋上にはバーとプールが。ここから眺める景色や夕日がとても綺麗なので、天気の良い日はぜひ。朝食も種類が豊富で楽しめます。フランス系ホテルチェーンなので、とくにパンがおいしいです。

📍 39 Đào Duy Từ, Phường Cẩm Phố, Hội An
📞 0235　3950 777
🌐 all.accor.com/hotel/9574
f hotelroyalhoian
📷 @hotelroyalhoian
🛏 デラックスキング/ツイン2,200,000VND
　（朝食込み、消費税、サービス料別）～／全187室
MAP 📍 P.12 B-1

田園を眺めながらまったりステイ

Lasenta Boutique Hotel Hoi An

ラセンタ・ブティック・ホテル・ホイアン

プールサイドバーで飲みものを頼んでのんびりするのも◎。

上・早朝のプールサイドは空気もよく気持ちいい。／右・白を基調とした部屋はのんびりステイにぴったり。

開放感のある大きな窓が特徴。

喧騒から離れたホイアンの田園地帯にあるホテル。中国のモダン建築を取り入れており、設備がしっかりしていてとても静かです。白を基調とした部屋には大きい窓があり、広々とした開放感があります。プールや朝食会場からも田園風景を眺めることができ、のどかな雰囲気を楽しめるので、とくに欧米人に人気があります。朝食はビュッフェ形式でベトナム料理と西洋料理が並びます。ホテルにはレンタルサイクルもあり、天気の良い日は自転車での移動もおすすめです。旧市街中心部とアン・バン・ビーチへの無料のシャトルバスもあります（どちらも約5分、出発5時間前までに要予約）。プールサイドで行われる早朝のヨガクラスもとても気持ちがいいです。

📍 57 Lý Thường Kiệt, Cẩm Châu, Hội An
📞 0235 3933 552 🌐 lasentahotel.com
f lasentahotel
📷 @lasentaboutiquehotel
🛏 スーペリア・シティビュー・バブルベッド／ツインベッド1,300,000VND（朝食込み、消費税、サービス料別）〜／全73室
MAP 📍 P.11 C-1

ベトナムの結婚式

　日本のようにかしこまったスタイルではない、ベトナムの結婚式。余興も事前準備などはなくその場で歌いたい人が歌って、みんなで騒いで終わる、という感じが私はとてもベトナムらしいと思います。普段も公共の場や仕事中によく歌を歌う人が多いので（鼻歌レベルではなく本気の歌）、結婚式もやっぱり歌で締めます。ちなみにベトナム南部では、お葬式も最後はカラオケで締めくくります。

　結婚式の前に行う婚約式では、男女それぞれブライズメイドを用意して新婦の家でとり行うのが一般的です。近年は婚約式と結婚式と合わせて一緒に行う人も多いようです。私がブライズメイドをした友人もそのスタイルでした。

気軽に参加できる

　招待状は突然来ます。1週間前とかにもらえればまだ余裕があるほうです。ご祝儀の相場は200,000〜500,000VND。日本円で約1,500円程度〜です。ご祝儀袋はとくにないので、普通の封筒に入れて受付にあるボックスに入れます。

装飾されたご祝儀ボックス。

受付係は友人や親戚が行う。
記帳はあったりなかったり。

式の流れは？

　集合時間より30分後くらいにはじまり、新郎新婦入場→新郎新婦の両親入場→新郎父挨拶→新郎挨拶→新婦友人が新婦にプレゼント（指輪や貴金属品）→ケーキ入刀→シャンパンタワー→乾杯（新郎新婦は腕をクロスして飲む）→新郎新婦両親が各席をまわりだすと同時に司会者がカラオケをはじめ、大皿料理が次々運ばれてきます。そこからカラオケ大会、1時間ほどで新郎新婦が外に出たら最後に2人と写真を撮ってお開きになります。

服装は？

　女性はワンピースにミュール、男性はデニムもOKなど、服装もラフ。

席順なども決まっておらず、適当に座ることも多い。

式場は？

　ベトナムでは冠婚葬祭を家で行う風習があり、家の前の道路を通行止めにして結婚式のパーティーやお葬式、旧正月のパーティーを行うことも多いです。最近は結婚式場も増えてきたので、式場やレストランを貸し切って行う人も多いです。

歌いたい時に
歌いたい人が歌うのが
ベトナム流。

ベトナムの猫&犬事情

ジャックス・キャット・カフェの机と椅子には先客（猫）がいることも。

カフェ内では保護猫たちがのびのびと過ごしている。

お昼寝中はそっとしておいてね。

路上で猫を見かけない理由

「ベトナムで野良犬は見るけれど、野良猫はいないんですか？」とよく聞かれます。野良犬は、放し飼いされているだけできちんと飼い主がいる場合が多いようです。野良猫もいることはいます。ただ、ベトナムには路地にネズミやコウモリが多く（しかも日本より大きい！）、子猫の時に襲われて命を落としたり、襲われた傷から感染症になったりするケースも。怪我や病気の子猫は母猫に育児放棄されてしまうので、生き延びることがむずかしい環境です。さらに、犬や猫の肉を食べる習慣があることや（右ページ参照）、バイクなど交通量が多いため交通事故で亡くなる場合も多いなど、路上で見かける猫は少ないのが現状です。

そんなベトナムには、犬猫を保護する団体がいくつか存在し、保護や里親探しのほか、医師と連携してベトナム人飼い主向けに無料ワクチン接種や去勢なども行っています。

猫と触れあえる「保護猫カフェ」

ホイアンの外れにある、欧米人のボランティア・グループがはじめた保護猫カフェ「ジャックス・キャット・カフェ」は、猫たちに触れあえる場となっています。盗難防止のため看板などはなく、チャイムを鳴らすとボランティアスタッフが出迎えてくれ、手の消毒や靴の履き替えをしてからなかに入ります。大きな庭と家屋には計100匹を超える猫と犬、うさぎ（2024年9月現在）が保護されています。赤ちゃんから大人の猫まで、事故に遭って救助されたり、猫肉業者から買い取り保護したりなど、いろいろな背景を持った猫たちがいます。人懐っこい猫も多いですが、そうでない猫もいるので、カフェのルールをよく読んで猫たちと触れあってください。ワクチン未接種の猫や病気の猫はケージで保護されており、外に出ている猫たちはワクチン接種済みです。入場料や飲食・グッズ代はすべてこちらの保護猫たちの食事やワクチンなどへ使われるので、猫好きさんはぜひ訪れてみてください。オリジナルトートバッグやTシャツも人気です。セキュリティー上住所は非公開のため、来店する際はFBやインスタから予約を。

カフェオリジナル・トートバッグ、100,000VND。

高いフェンスと壁に守られた入口。

Jack's Cat Cafe
ジャックス・キャット・カフェ

- 非公開　097 583 25 15
- vietnamcatwelfare.org/jacks-cat-cafe
- 11:00～15:00、日・月曜休
- 150,000VND（1ドリンク付き、90分）、12歳以下は無料（要保護者同伴）

看板猫＆犬のいるお店

イマ・スタジオのイヌ（Inu）くん。
ナム・ハウス・コーヒー（P.75）のモー（Mo）ちゃん。

大切に飼われている猫＆犬たち

犬猫肉食の文化

特定の地域の食文化として、現在も犬猫の食肉を扱ったお店もありますが、ベトナム人全員が食べるというわけではありません。この問題は感染症のリスクや動物愛護意識の高まりから、たびたび議論になっています。ペットとして飼う人も多いですが、血統書付きの犬や猫は転売用に、雑種は食肉用に売られるために盗まれてしまうことも多いので、ペットの管理はしっかりしなければなりません。

私の飼っている猫は生後1週間ほどのところを保護しましたが、ほかの動物に襲われた状態でした。幸い感染症もなく、傷は残ってしまいましたが元気です。

ダナン・ホイアン 旅のヒント

日本からダナンへ

日本からダナンへの直行便は、ベトナム航空が成田から毎日運航しています（フライト時間は5時間半〜6時間）。また、ハノイから国内線で1時間20分、ホーチミンから同1時間10分、そのほかアジアの各都市より乗り継ぎでダナンへアクセスできます。

⚠️ 入国時の注意

ベトナムに入国する際、日本のパスポートは45日以内の滞在であればビザは不要ですが、パスポートの残存期間は6か月以上必要です。

ダナン国際空港から市内へ

ダナン国際空港から市内へはタクシーやグラブ（下記参照）で10分かからない程度、ミーケ・ビーチまでは約15分です（料金の目安はタクシー約150,000VND、グラブ80,000VND）。ともに空港での乗り降りには4人乗りで10,000VND、7人乗りで15,000VNDの空港使用料が別途加算されます。

便利な配車アプリ「グラブ（Grab）」

ベトナムをはじめ東南アジア諸国でも使える配車アプリ。ベトナムやタイでは車だけでなくバイクも手配できます。目的地を口頭で伝える必要がなく、事前に料金が分かり、またクレジットカード登録をしておくと、その都度現金で支払う手間も省けます。ドライバーの名前やナンバーも履歴に残るので何かトラブルがあった際は問い合わせも可能です。

またドライバーとアプリ上で電話やメッセージの送受信ができるので、自分がいる場所を伝えたい時には周囲の写真を送ることもできます。時間制の貸切やフードデリバリーも対応しているので、使いこなせるととても便利です。

- 使用言語は基本的に英語
- 目的地や乗車位置の住所や場所をきちんと確認しましょう
- 「グラブ」を名乗る詐欺も発生しているので、乗車前にアプリ上のドライバーのナンバーを確認しましょう
- ドライバーから予約確認や住所確認の電話がかかってくることもありますが落ち着いて英語で対応しましょう

ピックアップポイントと到着時点の指定画面。

ダナン市内の交通とホイアンへ

市内の移動やダナン〜ホイアン間の移動は、タクシーかグラブがおすすめです。バスは運転が粗かったり、治安もあまりよくないので、あまりおすすめしません。ダナンからホイアンまでの所要時間はどちらも約30分（料金の目安はタクシー約380,000VND〜、グラブ340,000VND〜）。

◎ タクシー

ダナン〜ホイアンでタクシーを利用する場合は、「ビナサン(VINASUN)」か「マイリン(MAILINH)」がおすすめです。そのほかのタクシー会社はメーターがない、口頭交渉を持ちかけてくる、遠回りをされたなどトラブルもあるので要注意。

なお、タクシーメーターには、0を3つ省略した料金が表示されています（例：「50」=「50,000VND」）。

右・白いボディに赤と緑のロゴとラインが入った「ビナサン」。
左・緑のボディの「マイリン」。

◎ バス

ダナン市内〜ホイアン・ミーソンを巡回する市営バスもありますが、時間がかかること（最大1時間以上）、外国人とわかると料金を高く請求されるケースもあるなど、旅行者にとっては難易度が高め。それでもローカルバスに乗ってみたい、という人は「ダナ・バス（Dana Bus）」が比較的安全・安心です（それ以外のバスは扉が閉まらないものも）。時刻表はあくまでも目安で、人がいない場合は停車しない場合もあります。料金は乗車中にスタッフが巡回して回収しますが、その際高額紙幣は嫌がられます。降車の場合は、社内の電光掲示板で停車駅を確認し「STOP」ボタンを押します。なお、ダナンからホイアンへ行くにはLK02バス（片道15,000VND）です。

www.danangbus.vn

比較的安全な市営バス「ダナ・バス」。

◎電動カート

ダナンのビーチエリア、ホイアン市内を走るオープンカータイプの観光タクシー。料金は要交渉、1台あたり1時間250,000VND〜。最大7人まで乗車可能です。

道で停まっているのを交渉するか、ホテルで呼んでもらう。

◎シクロ

ダナン市街地、ホイアン市内を走っている人力車。値段は要交渉、30分あたり150,000VND〜。乗車時と降車時で交渉した料金が違うなど、トラブルも多いので注意が必要です。

ダナン大聖堂、ハン市場、バク・ダン通り沿い、チャム彫刻博物館などで拾える。

電圧とプラグ

電圧はほとんどが220V（稀に110V）、周波数は50Hzです。プラグはAとCの複合タイプが一般的で、海外対応している日本の電化製品（100-240Vと表記のあるもの）であればそのまま使用できます。

Wi-Fi事情

ほとんどのホテル、レストラン、カフェでは無料でWi-Fiが利用できます。パスワードがわからない場合はスタッフに聞きましょう。SIMフリーのスマホの場合は事前に日本で海外対応のSIMを購入しておくか、空港でSIMカードの購入をすると観光中も便利です。空港で購入の場合は1週間150,000VNDほどです。

お金

◎現金

通貨はベトナムドン（VND）、流通しているのは基本的に紙幣のみです（50万VNDから100VNDまで12種類）。100VND、200VND札と硬貨はあまり流通しておらず、使用も嫌がられるのでご注意を。また、最高額紙幣500,000VNDも少額の買い物では避けましょう。900VND以下のお釣りは省略されたり、飴で渡されることもあります。

なお、ベトナムドンは0が多く混乱しがちです。為替レートにもよりますが、0を2つ消して2で割るとだいたいの日本円が分かります（例：10,000VND≒50円、20,000VND≒100円）

また、市場や飲食店では数字の後に「K」（0を3つを省略した表記）が付いて価格表示されていることもあります。なお、市場の買い物交渉時にはK部分を省略するのが一般的。「Ten」と言われたら「10,000VND」、「One hundred」と言われたら「100,000VND」のことです。

80kは「80,000VND」のこと。

◎両替とATM

ホテルや大きな店舗では主にVISAやMastercardのクレジットカードが使用可能のところもありますが、ローカルレストランや商店、屋台、市場など、現金のみの取り扱いのお店も多いです。両替はある程度しておきましょう。レート的には日本よりもベトナム国内のほうが良く、国内ではレートの良い順番に市内の貴金属店＞銀行＞空港の両替所＞ホテル。ダナン市内の貴金属店のレートがいちばんいいですが、領収書はもらえない所が多いです。

ATMは街中のいたる所にあり、キャッシングも可能。3〜8月の観光シーズンはATM自体にお金が入っていなく利用できない、ということもあるので、ATMを利用する予定のある人は空港のATMが安心です。

◎チップ

チップはローカルのマッサージを利用した際に必要なことがあるくらいで、そのほかホテル・レストランは基本的には必要ありません。ローカルマッサージ店のチップの目安としては1時間50,000VNDほどです。

水

水道水は飲めませんが、歯磨きやうがい程度であれば問題ありません。心配な人はミネラルウォーターを使ってください。Pepsi社の「AQUAFINA」やコカ・コーラ社の「Dasani」は軟水なので日本人にも飲みやすいです。

ダサニは350ml、5,000VND〜。

トイレ事情

トイレはほとんどが洋式で手動式のウォシュレットがついていますが、稀に便座がないことも。公衆トイレはほぼ有料です(1,000VND〜)。ペーパーが備え付けでない場合も多いので、ポケットティッシュを多めに携帯しましょう。ペーパーは大きなゴミ箱が備えられている所や注意書きがある所では流さず、ゴミ箱に捨ててください。

手動式ウォシュレット。

気候と服装

ダナンには乾季(3〜8月頃)と雨季(9〜2月頃)があり、年間を通して湿度は高めです。とくに暑い時期は6〜8月頃で、体感温度が40℃を超える日も。

乾季の服装は夏服で問題ありませんが、紫外線が強いので日焼け止めや帽子など紫外線対策をお忘れなく。また、熱中症になりやすいのがこの時期。街歩きなどをする場合は、現地でも購入できるスポーツドリンクを持ち歩くことをおすすめします。

雨季の前半の9〜11月は晴れた日は海にも入れるくらいの気温ですが、台風シーズンでもあり、台風に当たると暴風雨がひどく、道が冠水したり、ホイアン旧市街は水没してしまうことも。12〜2月は降水量は減りますが、気温も下がり海やプールには入れない日が続きます。雨季は20℃ほどなので、日本の春・秋くらいの服装でOKですが、夜は少し冷え込むので羽織れるものがあると良いです。私は寒がりなのでマウンテンパーカーやダウンを着る日もあります。

治安

ベトナム中部は国内でも治安が良いほうですが、注意は必要です。置き引きやスリは頻発しており、人が多い所ではとくに注意してください。パスポートはホテルのセキュリティボックスに預ける、高額紙幣は持ち歩かない、または分散して持つのがおすすめです。

また、タクシー運賃の高額請求や、ローカル店でのぼったくり被害も少なくはありません。ビナサン、マイリン社(P.134)以外のタクシーには乗らないこと、要らないものはきちんと断ること、スパやレストランの会計は金額を確認することが大切です。

病気・ケガをした場合

海外旅行保険に加入している場合、下記病院であればほとんどがキャッシュレス対応となります。クレジットカード付帯の海外旅行保険の場合(保険会社や契約内容によって異なる)は一度現地で支払い、帰国後の請求となるので領収書など取っておきましょう。

また、病院を利用する場合はパスポート原本と保険証券またはクレジットカードの提出が必要です。

Family Medical Practice Danang
ファミリー・メディカル・プラクティス・ダナン

📍 96-98 Nguyễn Văn Linh, Nam Dương, Hải Châu, Đà Nẵng
📞 236 3582 699／(ホットライン)0913 917 303
　(日本語ホットライン・緊急時24時間対応)
🌐 www.vietnammedicalpractice.com/ja/
　医療サービス.ダナン.html
🕐 8:00〜17:00、日曜8:00〜12:00
　※日本語通訳はいないが、
　必要な場合は電話を通しての遠隔翻訳となる
MAP 📍 P.9 B-1

Bệnh viện Hoàn Mỹ
ホアン・ミー・ホスピタル

📍 291 Nguyễn Văn Linh, Thạc Gián, Thanh Khê, Đà Nẵng
📞 0236 3650 676／0236 3509 808
　(緊急時24時間ホットライン)
🌐 www.hoanmydanang.com
🕐 7:00〜11:30、12:30〜16:00、日曜7:30〜12:00　※英語対応
MAP 📍 P.9 C-1

パスポートの紛失・トラブルの連絡はこちら

Tổng Lãnh sự quán Nhật Bản tại Thành phố Đà Nẵng
在ダナン日本国総領事館

- 📍 18-19 Đ. 2 Tháng 9, Bình Hiên
  Hai Chau Dist., Da Nang
- 📞 0236 3555 535
- 🌐 danang.vn.emb-japan.go.jp
- 🕐 8:30〜17:15、土・日曜、日本とベトナムの祝日休
- MAP 📍 P.9 A-2
- ◎災害やテロの際は、在ハノイ日本大使館、在ホーチミン領事館へ

ベトナムの祝日

＊いずれも旧暦なので、西暦での日付は毎年変わります。

旧暦 12月30日（閏年の場合は12月29日）〜1月3日　旧正月
　3月10日　フン王命日
　4月30日　南部解放記念日
　5月1日　メーデー
　9月2日　ベトナム建国記念日

祝日ではないが、旧暦8月15日は「中秋節」で獅子舞などが街を練り歩く。

知っておきたいベトナムのこと

公の場で政府や
ホー・チ・ミン氏の批判はタブー

　ベトナムは社会主義国家、一党独裁制です。政府が正しいという考えが前提のため、反対勢力に関しては「国家転覆罪」という重い罪になります。政府だけでなく、ベトナムを統一に導いた革命家のホー・チ・ミン氏の批判もタブーです。また、政府施設や警察、軍関係者などの撮影は禁止されています。外国人であってもベトナム国内で犯した罪はベトナムの法律が適用されますのでご注意を。

バイクのことを"ホンダ"と呼ぶ

　由来は燃費の良さや修理のしやすさなどの経済性、利便性だけでなく、ベトナム戦争時もホンダに乗っている人は家財と家族を積んで戦火から逃れることができた、終戦時ホンダのバイクに乗っていた兵士だけが家に帰還した、という逸話を話すベトナム人もいます。現在もホンダの二輪車の国内市場シェアは80%（2019年10月統計）です。

ベトナム中部の言語は訛ってる？

　ベトナムは南北に細長い国なので、公用語がベトナム語と言っても南北では発音が全く違います。日本で販売されているベトナム語の教科書はハノイの発音が基礎になっています。とくに中部の言語は訛っており、他国との国境付近の出身者は同じ中部内でも何言っているか分からない、なんて言われることも。本書ではダナン、ホイアンで使用されている発音を基礎に表記しています。

食事マナー

　ベトナムでは麺類など汁ものは、器を持ち上げずにレンゲやスプーンを使って食べます。また麺類をすするのは下品とされています。また、持ち帰り文化がある国なのでローカルレストランだけでなくホテル内のレストランなど、食べきれない分は持ち帰りたい旨を伝えるとプラスチック容器などに入れ、包んでくれます。

地図は苦手

　ベトナムでは地図よりも通りの名前や番地で覚えている人が多いです。タクシーなどの運転手や地元の人に道を尋ねる時は、地図ではなく住所を見せましょう。

Uống đi vì nó ngon
おいしいから飲んでって！

旅で使えるベトナム語

ダナンとホイアンは観光都市なので簡単な英語は通じることが多いですが、地元の人と話す時は少しでもベトナム語を話せるとよろこばれます。日本人とわかると、「こんにちは」「ありがとう」「味の素！」と声をかけてくる人も。そんな時にもベトナム語で返してみてはいかがでしょうか？

あいさつ編

Xin chào シン チャオ
おはようございます、こんにちは、こんばんは

Tạm biệt / Hẹn gặp lại タン ビエッ
さようなら
※ヘン ガップ ライ（またね）

Cảm ơn カム オーン
ありがとう

Dạ / Không ヤー／ホン
はい／いいえ

Xin lỗi / Em ơi シン ロイ／エ モーイ
ごめんなさい／（店員さんを呼ぶ時の）すみません
※年上男性ならAnh ơi（アイン オーイ）、
　年上女性ならChị ơi（チ オーイ）と言うとよりていねい

Không hiểu / Không biết コン ヒュー／コン ビエッ
わかりません／知りません

ひとこと会話

Nhà vệ sinh ở đâu ? ニャー ヴェ シン オー ダウ？
トイレはどこですか？

Tôi là người nhật bản トイ ラー ングゥイ ニャッ バン
私は日本人です

Tôi tên là ～ トイ テン ラー～
私の名前は～です

Tôi muốn đi đến chỗ này
（地図や住所などを見せながら）
トイ ムォン ディー デン チョー ナイ
この場所に行きたいです

Chụp ảnh được không? チュップ アイン ドォック コン？
写真を撮ってもいいですか？

数字

1 **một** モッ　　4 **bốn** ボン　　7 **bảy** バイ　　10 **mười** ムイ
2 **hai** ハイ　　5 **năm** ナム　　8 **tám** タム
3 **ba** バー　　6 **sáu** サウ　　9 **chín** チン

Cảm ơn nha!
ありがとう！

※文末つく「nha」「nhé」は日本語の「〜ね」と同じ意味

お買いもの編

＊市場で買い物する時は相手を褒めたり、帰る素振りをしたりジェスチャーが大事！（P.42参照）

Cho tôi cái này
チョー トイ カイ ナイ

これをください

Bao nhiêu tiền?
バオ ニュー ティエン

いくらですか？

Đắt quá!
ダッ クワー！

高い！

Bớt đi! / Xin bớt một chút
ボッディー！／シン ボッ モッ チュッ

まけてよ！／少しまけてください

Đẹp qua! / Dễ thương
デップ ワー！／イェー トゥン

きれい！／かわいい

Đẹp trai
デップ チャイ

かっこいい、イケメン

飲食店編

Ngon!
ン ゴーン！

おいしい

Cay! / Không cay
カイ！／コン カイ

辛い！／辛くない、辛くしないで

Không rau mùi / Nhiều rau mùi
コン ラウ ムイ／ニュー ラウ ムイ

パクチー抜きで／パクチー多めで

Tính tiền
ティン ティエン

お会計をお願いします

Tôi muốn mang về
トイ ムォン マン ベー

テイクアウトでお願いします

Một Hai Ba Zo!
モッ ハイ バー ヨー

1、2、3、乾杯！

Một trăm phần trăm!
モッ チャム ファン チャム

一気！ ※100％という意味

Uống đi
ウォン ディー

飲んで

Chưa say? / Say rồi
チュア サイ／サイ ロイ

酔った？／酔った

Bao nhiêu tiền?
いくらですか？

INDEX

Đà Nẵng ダナン

見る・体験する

カルマ・スパ(グランド・メルキュール・ダナン内)	ホテルスパ	87
クイーン・スパ	ローカルスパ	88
クラブ99	カジノ	24
クリエイト・ダナン・アート・スペース	体験カフェ	25
ゴールデン・ロータス・オリエンタル・オーガニック・スパ	ローカルスパ	89
五行山	山、寺院	22
サンワールド・バー・ナー・ヒルズ	テーマパーク	20
シルク・スパ	ローカルスパ	90
ブイブイ・グローバル・ラウンジ	アオザイレンタル	47
セン・ブティック・スパ	ローカルスパ	91
サーフ・シャック・ダナン	サーフスクール&ショップ	29
ダナン大聖堂	教会	18
チャム諸島	ビーチアクティビティ	31
ドラゴン橋(ロン橋)	橋	19
ノン・ヌォック・ビーチ	ビーチ	27
ハーバル・スパ	ローカルスパ	91
バック・ミーアン・ビーチ	ビーチ	27
バンコー峠	観光スポット	25
ビューティー・アトリエ・ジェイファースト・ダナン	ヘッドスパ	90
ファン・ヴァン・ドン・ビーチ	ビーチ	27
ミーケ・ビーチ	ビーチ	27
リンウン寺	寺院	23
ロルズ・ネイル・イン・ダナン	ネイル	92

買う

イマ・スタジオ	ショップ(キッチン雑貨)	33
ウィンマートプラス	ミニマート	41
コン市場	市場	44
サングロウ	ショップ(雑貨、アパレル)	35
ソンチャー・ナイトマーケット	ナイトマーケット	46
タラン	ショップ(オーガニックコスメ)	34
テーブル・プロデュース	ショップ(雑貨、食品)	36
ハン市場	市場	5
フェヴァ・チョコレート	ショップ(チョコレート)	37
ホア・リー	ショップ(雑貨、食品、コスメ)	32
ミーアン市場	市場	45
ロッテ・マート	スーパーマーケット	41

食べる・飲む

イキガイ・ガーデン・カフェ	カフェ	79
クアン・ベー・マン	ローカルフード(シーフード)	56
ケム・ボー・コー・ヴァン	ローカルスイーツ(アボカドアイス)	73
コン・カフェ	カフェ	79
コム・ガー・アー・ハイ	ローカルフード(チキンライス)	58
コム・フエ・ニュー	ローカルフード(フエ家庭料理)	61
ザ・クラフツマン・カクテル・バー	バー	69
ザ・ジプシー(ニュー・オリエント・ホテル内)	バー	68
ザ・トップ・バー(ア・ラカルト・ホテル内)	カフェ&バー	76
シトロン(インターコンチネンタル内)	アフタヌーンティー	81
セクション・サーティー	バー	69
チェー・スアン・チャン	ローカルスイーツ(チェー)	72
チェー・リエン	ローカルスイーツ(チェー)	73
チャ・スア・マネー	タピオカドリンク	74
チン・カフェ	カフェ	78
陳めし	レストラン(中華料理・日本料理)	64
ティー・ラウンジ(シェラトン・グランド・ダナン内)	アフタヌーンティー	82
ナム・ハウス・コーヒー	カフェ	75
ノイ・カフェ	カフェ	77
バーガーブロス	レストラン(ハンバーガー)	63
ハイ・ヴァン・ラウンジ(フラマ・リゾート内)	アフタヌーンティー	83
ハイランズ・コーヒー	カフェ	80
バイン・カン・ンガー	ローカルフード(タピオカ麺)	55
バインセオ・バー・ユン	ローカルフード(バインセオ)	52
バインミー・バー・ラン	ローカルフード(バインミー)	54
ピザフォー・ピース	レストラン(イタリアン)	65
フック・ロン・コーヒー・アンド・ティー	カフェ	80
ブレンズ・ソーシャル・バー	バー	67
ブン・チャー・カー・バー・ヒエン	ローカルフード(ブン・チャー・カー)	53
ボー・ネー・クォック・ミン	ローカルフード(ボー・ネー)	59
ル・コントワー	レストラン(フレンチ)	62
ローブー・カフェ(アバターホテル内)	アフタヌーンティー	83

泊まる

インターコンチネンタル・ダナン・サン・ペニンシュラ・リゾート	ホテル	96
エコ・グリーン・ブティック・ホテル	ホテル	100
シェラトン・グランド・ダナン・リゾート	ホテル	97
シックランド・ホテル	ホテル	98
ザ・ブロッサム・リゾート・アイランド	ホテル	100
タム・ハウス・ヴィラ・ホテル	ホテル	99

Hội An ホイアン

見る・体験する

関公廟	名所(ホイアン旧市街)	105
廣肇(こうちょう)会館	名所(ホイアン旧市街)	105
シトラス・ヘルス・スパ	スパ	134
バムー寺	名所(ホイアン旧市街)	105
パンダナス・スパ	スパ	135
福建会館	名所(ホイアン旧市街)	105
フーンフンの家(馮興家)	名所(ホイアン旧市街)	104
来遠橋(日本橋)	名所(ホイアン旧市街)	104

買う

ギンコ	ショップ(Tシャツ、バッグ)	110
ココボックス	ショップ(雑貨、オーガニックコスメ)&カフェ	109
サンデー・イン・ホイアン	ショップ(ベトナム雑貨)	108
タイアード・シティ	ショップ(ベトナム雑貨)	111
フレンドリー・シュー・ショップ	オーダーメイド(革製品)	115
ベベ・テーラー	オーダーメイド(服)	114
プレシャス・ヘリテージ・アートギャラリー・ミュージアム	写真博物館(ポストカード)	112
ホイアン市場	市場(食品、布)	113
メティセコ	ショップ(ナチュラルシルク)	110
ライム	ショップ(アパレル)	112
ヤリー・クチュール	オーダーメイド(服)	114

食べる・飲む

コム・リン	レストラン(地鶏料理)	122
サウンド・オブ・サイレンス・コーヒー	カフェ	129
ザ・エスプレッソ・ステーション	カフェ	127
ザ・デックハウス・アン・バン・ビーチ	レストラン&バー	124
侍食堂	レストラン(和食)	122
シークレット・ガーデン	レストラン(ベトナム/フュージョン料理)	119
ジャックス・キャット・カフェ	保護猫カフェ	141
ソルト・ホイアン・レストラン&バー	レストラン&バー	123
ヌー・イータリー	レストラン(フュージョンベトナム料理)	121
バインミー・フーン	ローカルフード(バインミー)	133
バインミー・マダム・カイン	ローカルフード(バインミー)	133
フィ・バインミー	ローカルフード(バインミー)	132
フィン・コーヒー	カフェ	128
ベイビー・マスタード	レストラン(ベトナム料理)	120
188 ホアヴァン・レストラン	レストラン(ホイアン料理)	118
ミア・コーヒー	カフェ	116
モッ・ホイアン	カフェ(ハス茶)	125
ローヴィング・チルハウス	田園カフェ	129

泊まる

フォーシーズンズ・リゾート・ザ・ナム・ハイ・ホイアン	ホテル	136
ホテル・ロイヤル・ホイアン・Mギャラリー	ホテル	137
ラセンタ・ブティック・ホテル・ホイアン	ホテル	138

おわりに

　私がはじめてダナンに来たのは2015年3月。当時は日系旅行会社で働いており、ホーチミンに住んでいたのですが、チャーター便でお客さまがダナンへ一気に来ることになり、ヘルプで1か月間ダナンに来たのがきっかけでした。当時はまだ海沿いはラグジュアリーホテルがちらほら、街中も市場やローカル商店が主流で、ミニマートなどもあまりない状態でした。バイクも乗れなかったので、移動はタクシーかバイクタクシーか、1か月お世話になっていたアパートの大家さんのバイクの後ろに乗せてもらうか。1人では何もできない状態でした。

　その後、成田ーダナン便が就航し、正式にダナンへ異動になりました。それからダナンは世界遺産にも近い新たなビーチリゾートとして各国から注目を集めるようになり、羽田や関空、そして世界の各都市からの直行便が増えました。お店も増えGrabなどの便利なサービスも普及し、さらに過ごしやすい街になりました。

　2020、2021年は未曾有の災禍で、日常生活が厳しく制約され、日本にも約2年半帰国できませんでしたが、今思うと貴重な体験だったと感じます。地元ベトナム人や周囲の人と助けあい、乗り越えることができました。そして現在、さらに成長しているダナンの街ですが、もともとあった良さは変わらずに発展しているのも魅力だと思います。この本を通してより多くの方にダナンとホイアンのファンになってもらえたらうれしいです。

　最後に、私の書くWeb記事を見つけ声をかけてくださったイカロス出版の鈴木さん、今回改訂版を進めてくださった西村さん、そして本書にご協力いただいたダナン・ホイアン・ベトナム各都市在住のみなさん、日本の友人や家族へ感謝の気持ちを伝えたいです。本当にありがとうございました。

旅のヒントBOOK

新たな旅のきっかけがきっと見つかるトラベルエッセーシリーズ　各A5判

◎お問い合わせ：イカロス出版 出版営業部　ikaros.jp/hintbook/

最新版 スウェーデンへ ストックホルムと小さな街散歩
定価1,980円（税込）

食と雑貨をめぐる旅 悠久の都ハノイへ 最新版
定価1,870円（税込）

芸術とカフェの街 オーストリア・ウィーンへ
定価1,760円（税込）

甘くて、苦くて、深い 素顔のローマへ 最新版
定価1,760円（税込）

最新版 ニュージーランドへ 大自然＆街をとことん遊びつくす
定価1,870円（税込）

デザインあふれる森の国 フィンランドへ 最新版
定価1,870円（税込）

太陽とエーゲ海に惹かれて きらめきの国 ギリシャへ
定価1,870円（税込）

改訂版 トルコ・イスタンブールへ エキゾチックが素敵
定価1,980円（税込）

美食の街を訪ねて スペイン＆フランス バスク旅へ 最新版
定価1,980円（税込）

BEER HAWAI'I ～極上クラフトビールの旅 ハワイの島々へ
定価1,760円（税込）

遊んで、食べて、癒されて タイ・プーケットへ
定価1,650円（税込）

レトロな街で食べ歩き！ 古都台南へ＆ちょっと高雄へ 最新版
定価1,760円（税込）

素敵でおいしい メルボルン＆野生の島タスマニアへ 最新版
定価1,980円（税込）

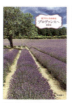
南フランスの休日 プロヴァンスへ 最新版
定価1,980円（税込）

魅惑の絶景と美食旅 ナポリとアマルフィ海岸周辺へ
定価1,760円（税込）

愛しのアンダルシアを旅して 南スペインへ
定価1,760円（税込）

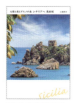
太陽と海とグルメの島 シチリアへ 最新版
定価1,870円（税込）

ダイナミックな自然とレトロかわいい町 ハワイ島へ
定価1,980円（税込）

心おどるバルセロナへ 最新版
定価1,870円（税込）

アドリア海の素敵な街めぐり クロアチアへ
定価1,760円（税込）

絶景とファンタジーの島 アイルランドへ 最新版
定価1,870円（税込）

シベリアに週末トリップ！ 海辺の街 ウラジオストクへ
定価1,650円（税込）

ロシアに週末トリップ！ かわいいに出会える旅 オランダへ 最新版
定価1,760円（税込）

美食の古都散歩 フランス・リヨンへ
定価1,760円（税込）

※定価はすべて税込価格です。(2024年10月現在)

寺内真実
Mami Terauchi

群馬県生まれ。中央大学卒業後は金融系、医療系の会社に勤務。「暑い国に住みたい」と勢いでベトナムに渡り、現地の日系旅行会社を経て、現在は現地飲食店経営補佐の傍らフリーランス・ライターとして各種Webサイトに寄稿している。愛猫の名前は「大福」。

文・写真：寺内真実
デザイン：長尾純子
マップ：ZOUKOUBOU
編集：西村 薫（最新版）／坂田藍子（初版）

**最新版
ダナン&ホイアンへ**
癒しのビーチと古都散歩

2024年11月15日 初版第1刷発行

著者　寺内真実
発行人　山手章弘
発行所　イカロス出版株式会社
　　　　〒101-0051 東京都千代田区神田神保町1-105
　　　　contact@ikaros.jp（内容に関するお問合せ）
　　　　sales@ikaros.co.jp（乱丁・落丁、書店・取次様からのお問合せ）
印刷・製本所　日経印刷株式会社

乱丁・落丁はお取り替えいたします。
本書の無断転載・複写は、著作権上の例外を除き、著作権侵害となります。
定価はカバーに表示してあります。

©2024 MamiTerauchi All rights reserved.
Printed in Japan ISBN978-4-8022-1531-2